Proyecto de la OCDE y del G-20 sobre la Erosión de la Base Imponible y el Traslado de Beneficios

Combatir las prácticas fiscales perniciosas, teniendo en cuenta la transparencia y la sustancia, Acción 5 – Informe final 2015

Tanto este documento como cualquier mapa que se incluya en él no conllevan perjuicio alguno respecto al estatus o la soberanía de cualquier territorio, a la delimitación de fronteras y límites internacionales, ni al nombre de cualquier territorio, ciudad o área.

Por favor, cite esta publicación de la siguiente manera:
OCDE (2016), *Combatir las prácticas fiscales perniciosas, teniendo en cuenta la transparencia y la sustancia, Acción 5 – Informe final 2015*, Proyecto de la OCDE y del G-20 sobre la Erosión de la Base Imponible y el Traslado de Beneficios, Éditions OCDE, Paris.
http://dx.doi.org/10.1787/9789264267107-es

ISBN 978-92-64-26708-4 (impresa)
ISBN 978-92-64-26710-7 (PDF)

Serie: Proyecto de la OCDE y del G-20 sobre la Erosión de la Base Imponible y el Traslado de Beneficios
ISSN 2415-6094 (impresa)
ISSN 2415-6108 (en línea)

Fotografías: Portada © ninog - Fotolia.com

Las erratas de las publicaciones de la OCDE se encuentran en línea en: *www.oecd.org/about/publishing/corrigenda.htm*.

Prefacio

Los problemas de fiscalidad internacional nunca habían ocupado un lugar tan prioritario en las agendas políticas como hoy en día. La integración de las economías y los mercados nacionales se ha intensificado de manera sustancial en los últimos años colocando, así, contra las cuerdas al sistema fiscal internacional, diseñado hace más de un siglo. Las normas actuales han dejado al descubierto una serie de puntos débiles que generan oportunidades para la erosión de las bases imponibles y el traslado de beneficios (BEPS, por sus siglas en inglés), lo que exige decisiones drásticas y determinación por parte de los responsables políticos con miras a restablecer la confianza en el sistema tributario internacional y asegurarse de que los beneficios tributen allí donde se desarrollen efectivamente las actividades económicas y se genere valor.

En septiembre de 2013, a raíz de la publicación del informe titulado *Lucha contra la erosión de la base imponible y el traslado de beneficios* en febrero de 2013, los países de la OCDE y del G-20 avalaron y adoptaron un Plan de Acción conformado por 15 líneas de actuación o «acciones» para dar respuesta a los problemas BEPS. Dicho Plan de acción y las 15 medidas que lo conforman giran en torno a tres *pilares* fundamentales: dotar de coherencia a las normas de Derecho interno que afectan a las actividades transfronterizas; reforzar el *criterio de actividad sustancial* contemplado por las normas internacionales en vigor y, por último, mejorar la transparencia y la seguridad jurídica.

Desde entonces, todos los países de la OCDE y del G-20 han trabajado de manera conjunta y en condiciones de igualdad, habiendo igualmente manifestado su postura y aportado sus puntos de vista la Comisión Europea a lo largo de todo el proceso atinente al Proyecto BEPS. Los países en desarrollo han participado extensa y activamente a través de diversos y diferentes mecanismos, incluida la participación directa en el Comité de Asuntos Fiscales (CAF). Adicionalmente, organismos fiscales regionales como el Foro Africano de Administración Tributaria (ATAF, por sus siglas en inglés), el Centro de Encuentros y Estudios de Dirigentes de Administraciones Fiscales (CREDAF, por sus siglas en francés) y el Centro Interamericano de Administraciones Tributarias (CIAT) se unieron a organizaciones internacionales tales como el Fondo Monetario Internacional (FMI), el Banco Mundial o Naciones Unidas (ONU) para contribuir a la labor desarrollada. Fruto de la consulta minuciosa a las partes interesadas, el Proyecto BEPS recibió en total más de 1 400 páginas de comentarios procedentes de organizaciones sectoriales y asociaciones empresariales, asesores, organizaciones no gubernamentales (ONG), docentes y otros representantes del sector académico, al igual que también se celebraron 14 consultas públicas retransmitidas en directo a través de la web, junto con la difusión de sesiones en forma de *webcasts,* a través de las cuales la Secretaría de la OCDE informaba periódicamente a los seguidores y respondía a preguntas.

La compleción de los informes correspondientes a las 15 medidas del *Plan de acción BEPS* ha requerido dos años de trabajo. Todos los resultados plasmados en los distintos informes, incluidos los apuntados en los informes provisionales presentados en 2014, han adquirido carácter definitivo y se han unificado dando lugar a un paquete de medidas integral. El Paquete de medidas BEPS representa la primera renovación sustancial de las normas y estándares fiscales internacionales en casi un siglo. Una vez las nuevas medidas comiencen a aplicarse, se espera conseguir que los beneficios se declaren allí donde se desarrollen las actividades económicas que los generan y se crea valor. Todas aquellas estrategias de planificación fiscal con fines claramente elusivos cimentadas sobre normas obsoletas o sustentadas por medidas internas mal coordinadas quedarán sin efecto.

En consecuencia, la implementación resulta clave en esta fase. El paquete de medidas BEPS se diseñó precisamente para ser implementado mediante cambios en la legislación y prácticas nacionales y en aplicación de las disposiciones contempladas en los convenios fiscales, existiendo negociaciones actualmente en curso para desarrollar un instrumento multilateral que se prevé concluyan en 2016. Asimismo, los países de la OCDE y del G-20 han acordado seguir trabajando conjuntamente a fin de garantizar la implementación sistemática y coordinada de las recomendaciones en materia de BEPS. La globalización exige soluciones comunes, así como también es preciso entablar un diálogo a escala mundial que trascienda los países de la OCDE y del G-20. A tal fin, los países de la OCDE y del G-20 diseñarán y propondrán en 2016 un marco inclusivo de seguimiento, contando para ello con la participación de todos los países interesados en condiciones de igualdad.

A priori, una mejor comprensión acerca de la aplicación práctica de las recomendaciones en materia de BEPS podría disipar equívocos y dirimir controversias entre los distintos gobiernos, por lo que un mayor énfasis en temas como la implementación y administración tributaria debería resultar mutuamente beneficioso para administraciones públicas y empresas. Por último, las mejoras propuestas en materia de recopilación y análisis de datos permitirán llevar a cabo una evaluación permanente del impacto en términos cuantitativos no sólo del fenómeno BEPS, sino también de las medidas antielusivas desarrolladas en el marco del Proyecto BEPS.

Índice

Cuadros

Abreviaturas y siglas

APA	Acuerdo previo de valoración
BEPS	Erosión de bases y traslados de beneficios
CAF	Comité de Asuntos Fiscales
CAM	Convenio de Asistencia Mutua en materia fiscal
CFC	Transparencia Fiscal Internacional
CTR	Consulta tributaria
EAO	Enfoque autorizado OCDE
EP	Establecimiento Permanente
FTAF	Grupo de Trabajo de Acción Financiera
FPFP	Foro sobre Prácticas Fiscales Perniciosas
I+D	Investigación y desarrollo
IDI	Intercambio de información
MNE	Empresa Multinacional
NAC	Nota de aplicación consolidada
OCDE	Organización para la Cooperación y Desarrollo Económicos
PI	Propiedad intelectual
PT	Precios de Transferencia

Resumen ejecutivo

Si bien es cierto que han transcurrido más de 15 años desde que la OCDE publicase, en 1998, el informe titulado *Competencia fiscal perniciosa: Un problema mundial emergente,* los motivos de preocupación e inquietud subyacentes en torno a cuestiones de política fiscal plasmados en dicha publicación siguen siendo tan relevantes a día de hoy como lo fueran por aquel entonces. Las preocupaciones actuales son el riesgo que supone la utilización de regímenes fiscales preferenciales para transferir artificialmente los beneficios y la falta de transparencia en lo que respecta a ciertos *tax ruling* (decisiones administrativas en relación a contribuyentes específicos). La importancia del trabajo sobre prácticas tributarias perniciosas se puso de manifiesto al incluirlo como parte del *Plan de acción contra la erosión de la base imponible y el traslado de beneficios* (Plan de Acción BEPS), cuya Acción 5 encomendaba al *Foro sobre Prácticas Fiscales Perniciosas* (en adelante, el «Foro») a:

> Poner al día el trabajo sobre prácticas tributarias perniciosas con la mejora de la transparencia como prioridad, incluido el intercambio espontáneo obligatorio en las resoluciones individuales relativas a regímenes preferenciales, y con la existencia de una actividad económica sustancial como requisito básico para aplicar cualquier régimen preferencial. Se adoptará un enfoque holístico para evaluar los regímenes fiscales preferenciales en el contexto de la erosión de la base imponible y el traslado de beneficios. Se trabajará con los países que no son miembros de la OCDE sobre la base del marco existente y se considerarán modificaciones o adiciones al marco existente.

En 2014, el Foro presentó un primer informe de progreso que queda incorporado y sustituido por el presente informe final. La labor del Foro se ha centrado principalmente en consensuar y aplicar una metodología que defina el criterio de actividad sustancial utilizado en la evaluación de regímenes preferenciales, comenzando en primer lugar por los regímenes de propiedad intelectual (PI), y siguiendo por otro tipo de regímenes preferenciales. Dicho informe se centra, asimismo, en la mejora de la transparencia mediante un sistema obligatorio de intercambio espontáneo de ciertos *tax rulings* (decisiones administrativas en relación a contribuyentes específicos) que presenten riesgos de BEPS ante la falta de dicho intercambio.

Criterio de actividad sustancial en los regímenes preferenciales

Los países alcanzaron un acuerdo en torno a la necesidad de reforzar el criterio de actividad sustancial utilizado para evaluar regímenes preferenciales a fin de realinear la tributación de las rentas obtenidas con las actividades sustanciales que las generan. Los países consideraron numerosos enfoques, obteniendo consenso el "enfoque del nexo". Dicho enfoque, desarrollado en el contexto de regímenes de PI, permite al contribuyente acogerse a un régimen de PI únicamente cuando aquél haya incurrido en ciertos gastos asociados a actividades de investigación y desarrollo (I+D) que generen rentas procedentes de la explotación de la PI. El enfoque basado en la existencia de un nexo utiliza el gasto como un indicador de la actividad desarrollada y se sustenta en un principio conforme al cual, al estar concebidos los regímenes de PI como instrumento para fomentar el desarrollo de actividades de I+D e impulsar el crecimiento y el empleo, el criterio de actividad sustancial debe garantizar que los contribuyentes que se acogen a dichos regímenes han desarrollado efectivamente dichas actividades y han incurrido en un gasto real en I+D. Este mismo principio puede aplicarse igualmente a otros regímenes preferenciales para cuya instauración se exigiría que existan actividades sustanciales cuando dichos regímenes conceden beneficios a un contribuyente en la medida en que lleve a cabo las actividades principales generadoras de los ingresos susceptibles de acogerse al régimen preferencial.

Mejora de la transparencia

En lo concerniente a la transparencia, se ha acordado un marco de referencia bajo el que se incluyan todas aquellas decisiones administrativas en relación a contribuyentes específicos que puedan dar lugar a prácticas elusivas BEPS ante la falta de un intercambio espontáneo de información relevante con carácter obligatorio. Dicho marco contempla seis categorías de acuerdos o decisiones administrativas: (i) acuerdos relativos a la aplicación de regímenes fiscales preferenciales; (ii) acuerdos previos sobre valoración de precios de transferencia (APA) de carácter unilateral y transfronterizo u otros acuerdos fiscales unilaterales en el mismo ámbito; (iii) acuerdos concediendo un ajuste a la baja de los beneficios; (iv) acuerdos relativos a establecimientos permanentes (EP); (v) acuerdos en materia de sociedades «canalizadoras de rentas» (tipo *conduit*); y (vi) cualquier otro tipo de acuerdos que el Foro considere en el futuro que podrían conllevar un riesgo de prácticas elusivas BEPS ante la ausencia de intercambio de información. Ello no significa que dichos acuerdos o decisiones administrativas sean de por sí preferenciales o que conlleven la erosión de la base imponible y el traslado de beneficios, si bien se reconoce que la falta de transparencia en la aplicación de un régimen o procedimiento administrativo concretos puede originar un distinto tratamiento fiscal y situaciones de doble no imposición. Por lo que respecta a los países que dispongan de las bases jurídicas necesarias, el intercambio de información bajo este marco tendrá efectos a partir del 1 de abril de 2016 y regirá para acuerdos futuros, mientras que el marco concerniente a ciertos acuerdos precedentes deberá concluir, a más tardar, el 31 de diciembre de 2016. Adicionalmente, el informe establece las mejores prácticas en materia de acuerdos transfronterizos.

Revisión de los regímenes preferenciales

Se han revisado un total de 43 regímenes preferenciales, de los cuales 16 son regímenes de PI. El Informe refleja los resultados de aplicar a los regímenes preferenciales de países miembros y asociados los factores a los que alude el Informe de 1998, así como los referidos criterios de actividad sustancial y transparencia. No obstante, hasta la fecha, el mencionado criterio de actividad sustancial se ha aplicado meramente a los regímenes de PI. Precisamente bajo el criterio de actividad sustancial, se concluyó que todos los regímenes de PI objeto de estudio eran incompatibles, ya fuera total o parcialmente, con el enfoque del nexo descrito en el presente Informe. Queda así patente que, a diferencia de otros aspectos del trabajo sobre prácticas tributarias perniciosas, los detalles relativos a este enfoque son resultado del trabajo llevado a cabo en el marco del Proyecto BEPS, mientras que la concepción y el diseño de los regímenes son cronológicamente anteriores. Los países que aplican dichos regímenes llevarán a cabo un análisis de los aspectos de los mismos que eventualmente deban ser objeto de modificación. El Foro proseguirá con su labor de revisión de regímenes preferenciales, aunque cabe señalar que probablemente sea necesario volver a analizar los regímenes que ya fueron objeto de examen antes de la introducción del criterio de actividad sustancial.

Próximos pasos

El Informe enuncia los distintos elementos de la estrategia de diálogo y participación en igualdad de condiciones con aquellos países que no son miembros de la OCDE, ni participantes en el Proyecto BEPS, a fin de evitar el riesgo de que los trabajos sobre prácticas tributarias perniciosas puedan producir el desplazamiento geográfico de los regímenes que nos ocupan a terceros países. El Informe también indica en qué estado se encuentran las discusiones en torno a las eventuales revisiones o adiciones al marco de referencia vigente. Estos aspectos del trabajo se desarrollarán ulteriormente en el contexto del objetivo más amplio de diseñar un marco más integrador e inclusivo capaz de respaldar y supervisar la implementación de las medidas BEPS.

Por otra parte, se ha llegado a un acuerdo sobre la puesta en práctica del marco de transparencia y de un mecanismo de control y supervisión permanente dirigido a regímenes preferenciales, entre ellos los regímenes de PI.

Capítulo 1

Introducción y antecedentes

1. El Comité de Asuntos Fiscales (CFA) de la Organización para la Cooperación y el Desarrollo Económicos (OCDE) en su reunión de junio de 2013 aprobó el Plan de Acción BEPS (OCDE, 2013a), posteriormente ratificado por los Ministros de Hacienda del G20 en su reunión de julio de 2013 y por los líderes del G20 en su reunión de septiembre de 2013. En respuesta a la demanda del Informe BEPS (OCDE, 2013b) para desarrollar "soluciones para luchar contra regímenes perniciosos de forma más efectiva, tomando en consideración criterios como la transparencia y la sustancia"[1], la Acción 5 del Proyecto de la OCDE/G20 sobre la erosión de bases imponibles y el traslado de beneficios (BEPS) ordena al Foro sobre Prácticas Fiscales Perniciosas (FPFP) lo siguiente[2]:

> Poner al día el trabajo sobre prácticas tributarias perniciosas con la mejora de la transparencia como prioridad, incluido el intercambio espontáneo obligatorio en las resoluciones individuales relativas a regímenes preferenciales, y con la existencia de una actividad económica sustancial como requisito básico para aplicar cualquier régimen preferencial. Se adoptará un enfoque holístico para evaluar los regímenes fiscales preferenciales en el contexto de la erosión de la base imponible y el traslado de beneficios. Se trabajará con los países que no son miembros de la OCDE sobre la base del marco existente y se considerarán modificaciones o adiciones al marco existente.

2. Como bien se indica en la Acción 5, el trabajo en esta área no es nuevo. En 1998, la OCDE publicó el Informe *Competencia fiscal perniciosa: un tema global* (Informe 1998, OCDE, París, 1998). Este Informe estableció los cimientos para el trabajo de la OCDE en el área de las prácticas fiscales perniciosas y creó el FPFP para llevar adelante este trabajo. Fue publicado en respuesta a la solicitud de los Ministros para desarrollar medidas para contrarrestar prácticas fiscales lesivas en relación con actividades geográficamente móviles, como las actividades financieras u otras prestaciones de servicios, incluyendo la cesión de intangibles. La naturaleza de este tipo de actividades hace muy fácil su traslado de un país a otro. Globalización e innovación tecnológica han fomentado todavía más esta movilidad. El propósito del trabajo de la OCDE en el área de las prácticas fiscales lesivas es asegurar la integridad de los sistemas fiscales, abordando los problemas que surgen de los regímenes que se aplican a las actividades móviles y que indebidamente erosionan las bases imponibles de otros países, distorsionando potencialmente la localización de los capitales y servicios. Dichas prácticas pueden también causar traslados indeseados de parte de la carga fiscal a las bases imponibles menos móviles como, por ejemplo, al trabajo, a la propiedad y al consumo, e incrementar los costes administrativos y las cargas de cumplimiento sobre las Administraciones tributarias y los contribuyentes.

3. El trabajo sobre las prácticas fiscales perniciosas no pretende promover la armonización de los impuestos sobre la renta o de los sistemas tributarios dentro o fuera de la OCDE, ni tampoco establecer cuál es el nivel apropiado de los tipos de gravamen de un determinado

país. Más bien, el trabajo se dirige a reducir la influencia distorsionadora de la fiscalidad en la localización de las actividades financieras y de servicios de carácter móvil, y de ese modo fomentar la creación de un entorno que permita una competencia fiscal libre y justa. Esto es indispensable para avanzar hacia un *sistema en igualdad de condiciones para todos* y para un crecimiento económico y una expansión global continuos. Los Estados han reconocido desde hace tiempo que una *carrera fiscal de igualación a la baja* conduciría a que los tipos de gravamen aplicables a determinadas clases de rentas fuesen cero para todos los países, tanto si ello se persigue como objetivo de su política fiscal, como si no, asimismo, combatir la competencia fiscal lesiva se encuentra entre los intereses tanto de los países miembros, como de los no miembros de la OCDE. La eficacia de las medidas unilaterales contra dichas prácticas es muy limitada. A través del acuerdo de un conjunto de criterios comunes y de la promoción de un marco cooperativo, los trabajos sobre este tema no hacen más que contribuir a la soberanía fiscal efectiva de los Estados considerando el diseño de sus sistemas tributarios; y, les permite también mejorar su capacidad para reaccionar contra las prácticas fiscales perniciosas de otros países.

4. Más de 15 años han pasado desde la publicación del Informe de 1998, pero las preocupaciones políticas que allí se expresaban no han perdido su relevancia. En algunas áreas, las actuales preocupaciones pueden ser menores sobre la forma tradicional de regímenes compartimentados, pero en cambio se incrementan en lo que se refiere a reducciones del tipo impositivo en el impuesto sobre sociedades para determinados tipos de rentas (tales como ingresos de actividades financieras o de cesión de intangibles). El hecho de que los regímenes preferenciales continúen siendo un área de presión debe remarcarse por su inclusión en el Informe BEPS[3] y en la Acción 5 del Plan de Acción BEPS[4].

5. En virtud de la Acción 5, el FPFP debe asegurar los tres objetivos siguientes:

- Primero, finalizar la revisión de los regímenes preferenciales de los países miembros de la OCDE y asociados;
- Segundo, adoptar una estrategia para mejorar la participación de terceros países;
- Tercero, examinar la posibilidad de revisiones o adiciones al marco existente.

6. En septiembre de 2014, la OCDE publicó el Informe inicial de Progreso del FPFP a la vista de estos objetivos, *Combatir las prácticas fiscales perniciosas, teniendo cuenta la transparencia y la sustancia* (Informe de Progreso, 2014, OECD). Este Informe es el final de la Acción 5 e incorpora y sustituye el Informe de Progreso de 2014.

Notas

1. Véase el Capítulo 5 del Informe BEPS – Lucha contra la erosión de bases imponibles y traslado de beneficios, p. 53.
2. Véase la Acción 5 de Plan de Acción BEPS – Combatir las prácticas fiscales perniciosas, teniendo en cuenta la transparencia y la sustancia, p. 18.
3. Véase el capítulo 5 del Informe BEPS, *Lucha contra la erosión de la base imponible y el traslado de beneficios*, p. 48.
4. Véase la Acción 5 del Plan de Acción BEPS – *Combatir las prácticas fiscales perniciosas, teniendo cuenta la transparencia y la sustancia*, p. 17.

Bibliografía

OCDE (2014); *Combatir las prácticas fiscales perniciosas, teniendo en cuenta la transparencia y la sustancia*, Ediciones OCDE, París, http://dx.doi.org/10.1787/9789264218970-en.

OCDE (2013a); *Plan de acción contra la erosión de la base imponible y el traslado de beneficios*, Ediciones OCDE, París, http://dx.doi.org/10.1787/9789264207813-es.

OCDE (2013b), *Lucha contra la erosión de la base imponible y el traslado de beneficios*, Ediciones OCDE, París, http://dx.doi.org/10.1787/9789264201224-es.

OCDE (1998), *Competencia fiscal nociva: un tema global*, Ediciones OCDE, París, http://dx.doi.org/10.1787/9789264162945-en.

Capítulo 2

Descripción general del trabajo de la OCDE sobre prácticas fiscales perniciosas

7. El Informe de 1998 (OCDE, 1998, París) dividió el trabajo sobre prácticas fiscales lesivas en tres áreas: (i) Los regímenes preferenciales en los países miembros de la OCDE, (ii) los paraísos fiscales y (iii) las economías no OCDE. El Informe de 1998 establece cuatro factores clave y otros ocho elementos para determinar si un régimen preferencial es potencialmente pernicioso[1]. Además, cuatro parámetros clave permiten definir "los paraísos fiscales"[2]. Al Informe de 1998 le siguieron cuatro Informes de progreso:

a. El primer Informe, publicado en Junio 2000 (Informe de 2000, OCDE, 2001a), describió el progreso realizado y, entre otras cuestiones, identificó 47 regímenes potencialmente lesivos en los países miembros de la OCDE, así como 35 jurisdicciones que respondían a los criterios establecidos para los paraísos fiscales (aparte de las seis jurisdicciones en las que, concurriendo dichos criterios, se habían comprometido por adelantado a eliminar las prácticas fiscales perniciosas).

b. Un segundo Informe de progreso fue publicado en 2001 (OCDE, 2001b). Llevó a cabo múltiples e importantes modificaciones del trabajo en lo que se refería a distintos aspectos de los paraísos fiscales. Lo más importante es que estableció que, a la hora de determinar qué jurisdicciones serían consideradas como paraísos fiscales no cooperantes, los compromisos solicitados exclusivamente tendrían que ver con los principios de un efectivo intercambio de información y con la transparencia.

c. Entre 2000 y 2004, fueron formuladas indicaciones genéricas, bajo la forma de "notas de aplicación", para ayudar a los Estados miembros a efectuar el examen de los regímenes preferenciales existentes o futuros, así como para apreciar la presencia eventual de cualquiera de los criterios establecidos en el Informe de 1998. Las notas de aplicación fueron desarrolladas sobre la transparencia e intercambio de información, la compartimentación de regímenes fiscales, los precios de transferencia, los acuerdos específicos para un contribuyente, las compañías holding, las entidades gestoras de fondos y las compañías navieras. Las diferentes notas fueron compiladas bajo la forma de una sola Nota de Aplicación Consolidada (NAC, OCDE, 2004a).

d. En los primeros meses de 2004, la OCDE publicó otro Informe (Informe 2004, OCDE, 2004b) que se centró fundamentalmente sobre el progreso realizado en torno a la eliminación de los aspectos lesivos de los regímenes preferenciales en los países miembros de la OCDE. Aparte de los 47 regímenes identificados en 2000, el Informe incluyó las notas delimitadoras de las compañías holding y regímenes privilegiados similares. Se examinaron también un cierto número de regímenes introducidos desde la identificación inicial de los regímenes potencialmente perniciosos en 2000, aunque ninguno de ellos fue considerado lesivo al contrastarlos con los parámetros del Informe de 1998.

e. Finalmente, un Informe sobre los regímenes preferenciales de los países miembros de la OCDE fue publicado en septiembre de 2006 (OCDE, 2006). De los 47 regímenes inicialmente identificados como potencialmente lesivos en el Informe del año 2000, 46 fueron derogados, modificados o no fueron considerados finalmente perniciosos tras un análisis más detallado. Solo un régimen preferencial fue considerado realmente lesivo, por lo que el Estado en cuestión aprobó la correspondiente legislación para su derogación.

8. Con el tiempo, el Foro Global de Tributación (Global Forum on Taxation – Global Forum), creado a principio de los años 2000 con el objeto de participar en un dialogo con los países no miembros de la OCDE sobre temas de fiscalidad, fue incrementando su trabajo en lo relativo a los aspectos de los paraísos fiscales. Las jurisdicciones que se habían comprometido a aplicar los principios de un efectivo intercambio de información previo requerimiento y transparencia fueron invitadas a participar en el Foro Global, junto con los países miembros de la OCDE, para articular así más detalladamente los principios citados y asegurar su aplicación y ejecución. En 2002, el Foro Global desarrolló *el Modelo de Acuerdo sobre Intercambio de Información en materia fiscal* (OCDE, 2002), y en 2005 se acordaron los estándares de transparencia relativos a la disponibilidad y fiabilidad de la información. Desde 2006, el Foro Global ha publicado evaluaciones anuales de progreso en la aplicación de los estándares[3].

9. En septiembre de 2009, el Foro Global pasó a denominarse Foro Global de Transparencia e Intercambio de Información de Carácter Fiscal, y se reestructuró para aumentar el número de sus miembros y su misión, así como para mejorar su gobernabilidad[4]. Con posterioridad, el CAF decidió reestructurar los departamentos responsables para el intercambio de información (IDI) creando el Grupo de Trabajo núm. 10 sobre Intercambio de Información y Cumplimiento Tributario asumiendo las responsabilidades del Grupo de Trabajo núm. 8 sobre Elusión y Evasión Fiscal, así como los temas de IDI previamente abordados por el FPFP[5]. De aquí en adelante, el trabajo del FPFP se ha enfocado, por consiguiente, sobre los regímenes fiscales preferenciales y sobre las medidas defensivas con respecto a dichos regímenes (salvo aquellas concernientes a la falta de IDI o de transparencia).

Notas

1. Estos criterios y el proceso para determinar si un régimen es preferencial y lesivo bajo el marco del Informe 1998 son definidos más abajo, en el Capítulo 3, apartado II.

2. Los cuatro parámetros para definir un "paraíso fiscal" eran: (i) No existencia o impuesto meramente nominal sobre la renta; (ii) falta de un efectivo intercambio de información; (iii) falta de transparencia; (iv) No existencia de actividades sustantivas. La no existencia de impuesto o que sea meramente nominal no se considera un parámetro que exclusivamente signifique que una jurisdicción sea un paraíso fiscal.

3. Los informes correspondientes pueden ser consultados en la siguiente página web: www.oecd.org/tax/transparency/keypublications.htm.

4. La información sobre el Foro Global sobre Transparencia e Intercambio de Información de carácter fiscal y su trabajo puede consultarse en: www.oecd.org/tax/transparency.

5. Las medidas defensivas relativas a la falta de intercambio de información previo requerimiento o la transparencia están incluidos en el mandato del Grupo de Trabajo núm. 10 sobre Intercambio de Información y Cumplimiento Fiscal. No obstante, la Acción 5 ha requerido al FPFP "modernizar el trabajo sobre prácticas fiscales lesivas con una prioridad consistente en la mejora de la transparencia", y bajo este mandato, el FPFP ha analizado los regímenes de acuerdos específicos en los países miembros y asociados y desarrollado un conjunto de mejores prácticas para el diseño y funcionamiento de los regímenes de acuerdos, tal y como se describe más abajo en el capítulo 5.

Bibliografía

OCDE (2006), *El Proyecto de la OCDE sobre prácticas fiscales nocivas: Actualización de 2006 sobre el progreso en los Estados Miembros,* Ediciones OCDE, París, www.oecd.org/ctp/harmful/37446434.pdf.

OCDE (2004a), *Nota de aplicación consolidada: Guía para la aplicación del Informe de 1998 a los regímenes fiscales preferenciales*, Ediciones OCDE, París, www.oecd.org/ctp/harmful/30901132.pdf.

OCDE (2004b), *Prácticas fiscales nocivas: El Informe de Progreso de 2004.* Ediciones OCDE, París. www.oecd.org/ctp/harmful/30901115.pdf.

OCDE (2002), *Acuerdo sobre intercambio de información en asuntos fiscales*, Ediciones OCDE, París, http://dx.doi.org/10.1787/9789264034853-en.

OCDE (2001a), *Hacia una Cooperación fiscal global: Progresos en la identificación y eliminación de las prácticas fiscales nocivas.* Ediciones OCDE, París, http://dx.doi.org/10.1787/9789264184541-en.

OCDE (2001b), *El Proyecto de la OCDE sobre prácticas fiscales nocivas: El Informe de Progreso de 2001.* Ediciones OCDE, París, www.oecd.org/ctp/harmful/2664438.pdf.

OCDE (1998), *Competencia fiscal nociva: un tema global*, Ediciones OCDE, París, http://dx.doi.org/10.1787/9789264162945-en.

Capítulo 3

El marco del informe de 1998 para determinar si un régimen preferencial es pernicioso

10. Este capítulo describe el marco del Informe de 1998 (OCDE, 1998) para determinar si un régimen preferencial es pernicioso. Esto implica tres etapas:

a. Análisis del régimen para determinar si recae dentro de ámbito del trabajo del FPFP y si es preferencial;

b. Análisis de los cuatro factores clave y de los otros ocho elementos establecidos en el Informe de 1998 para determinar si un régimen preferencial es potencialmente lesivo;

c. Análisis de los efectos económicos de un régimen para determinar si un régimen potencialmente lesivo es realmente pernicioso.

I. Análisis para determinar si un régimen entra dentro del ámbito de trabajo del FPFP y si es preferencial

A. Ámbito de trabajo del FPFP

11. Para estar incluido en el ámbito del Informe de 1998, en primer lugar, el régimen debe aplicarse a la renta de actividades geográficamente móviles como, por ejemplo, las actividades financieras y de prestación de servicios, incluyendo la cesión de intangibles. Los regímenes preferenciales diseñados para la atracción de inversiones en edificios, fábricas y bienes de equipo están fuera del ámbito del Informe de 1998[1].

12. En segundo lugar, el régimen debe considerar la tributación de la renta de dichas actividades geográficamente móviles. Por lo tanto, el trabajo se concentra principalmente en la tributación empresarial. La imposición sobre el consumo está excluida explícitamente[2]. La tributación empresarial puede ser objeto de los niveles nacional, federal o central ("Impuestos nacionales") y/o sub-nacional, sub-federal o nivel descentralizado ("Impuestos sub-nacionales"). Estos tributos sub-nacionales incluyen impuestos establecidos por el nivel estatal, regional, provincial o local. En el transcurso de la revisión actual surgió la cuestión de si los regímenes que ofrecen beneficios fiscales en el nivel subnacional están dentro del ámbito del trabajo del FPFP. Esta cuestión se discute en el Capítulo 6.

B. Trato fiscal preferencial

13. Para poder considerar un régimen como preferencial, éste debe ofrecer alguna forma de privilegio fiscal en comparación con los principios generales de tributación en un determinado país. El privilegio ofrecido por un régimen puede adoptar un amplio abanico de formas, que incluye una reducción en el tipo de gravamen o en la base imponible o condiciones

preferenciales para el pago o reembolso de tributos. Incluso un pequeño privilegio es suficiente para que el régimen pueda ser considerado como preferencial. El aspecto crucial es que el régimen debe ser preferencial *en comparación con los principios generales de la tributación de un país determinado,* y no por la comparación con los principios aplicados en otros países. Así, cuando el tipo de gravamen del Impuesto sobre Sociedades aplicado a todos los tipos de renta en un país es del 10 %, la tributación de la renta de actividades móviles al tipo del 10 %, el régimen no puede ser considerado como preferencial, incluso si el tipo de gravamen es inferior al aplicado en otros países.

II. Análisis de los cuatro factores clave y de los otros ocho elementos establecidos en el Informe de 1998 para determinar si un régimen preferencial es potencialmente pernicioso

14. En el contexto de los trabajos del FPFP, los cuatro factores clave y los otros ocho elementos son utilizados para determinar si un régimen preferencial es potencialmente lesivo[3]. Una referencia al criterio de la actividad sustancial está ya incluida entre los otros ocho elementos, por lo que no puede considerarse un concepto nuevo. Los otros ocho elementos ayudan a explicar, con mayor detalle, algunos de los principios clave y supuestos básicos que deberían ser considerados en la aplicación de los factores clave.

15. Los cuatro factores clave son:

a. El régimen establece un tipo de gravamen efectivo cero o reducido para la renta procedente de actividades financieras y de la prestación de otros servicios geográficamente móviles.

b. El régimen está compartimentado en relación con la economía nacional.

c. El régimen padece una falta de transparencia (por ejemplo, los detalles del régimen o su aplicación no están claros o evidentes, o hay una supervisión regulatoria o una declaración o comunicación financiera inadecuada).

d. No hay intercambio de información efectivo en lo que se refiere al régimen[4].

16. Los otros ocho factores son:

a. Definición artificial de la base imponible.

b. Incumplimiento de los principios internacionales en materia de precios de transferencia.

c. Exención fiscal en el país de residencia para las rentas de fuente extranjera.

d. Base imponible o tipo de gravamen negociables.

e. Existencia de cláusulas de confidencialidad o secreto.

f. Acceso a una extensa red de Convenios Fiscales.

g. Promoción del régimen como un vehículo de minimización fiscal.

h. El régimen fomenta operaciones y acuerdos que tienen como motivo el meramente fiscal y no implica actividades sustanciales.

17. Para que un régimen sea considerado potencialmente lesivo, el primer factor clave que debe aplicarse es que el tipo de gravamen sea cero o muy reducido. Se trata de un criterio de entrada. Cuando un régimen ofrece beneficios fiscales tanto en el nivel nacional, como en el sub-nacional, la cuestión de si el régimen cumple con este factor es normalmente definido sobre la base de un tipo de gravamen efectivo, combinando ambos niveles, el nacional y

el sub-nacional. La reducción solo de los impuestos nacionales puede, en algunos casos, ser considerado suficiente para determinar las entidades, que beneficiándose del régimen, están sujetas a un tipo de gravamen efectivo cero o reducido. La aplicación de este criterio consistente en tipos efectivos de gravamen –reducidos o nulos– a regímenes que ofrecen beneficios fiscales solo en los niveles regionales se analiza en el Capítulo 6.

18. Cuando en un régimen concurre el factor del tipo de gravamen efectivo nulo o reducido, la evaluación de su carácter potencialmente lesivo debe resultar de una apreciación global de cada uno de los otros tres "factores claves" y, en caso necesario, de los "otros ocho factores". Cuando la tributación efectiva es reducida o nula y concurre uno o más de los factores restantes, entonces el régimen será calificado como potencialmente pernicioso.

III. Análisis de los efectos económicos de un régimen potencialmente pernicioso para determinar si realmente lo es

19. Un régimen que ha sido identificado como potencialmente lesivo en base al análisis de los factores más arriba descritos, puede no ser considerado como realmente pernicioso si no parece haber creado efectos económicos lesivos.

20. Para proceder a esta evaluación, puede ser útil plantear las tres preguntas siguientes:

- ¿Tiene el régimen fiscal preferencial como efecto el traslado de actividades hacia el país que lo aplica, antes que crear un volumen sustancial de nuevas actividades?
- ¿Es la presencia y nivel de actividades en el país receptor acorde con el nivel de la inversión o de la renta?
- ¿Es el régimen preferencial la razón fundamental para la localización de una actividad?[5]

21. Tomando en consideración sus efectos económicos, un régimen que ha creado efectos lesivos será calificado como régimen fiscal pernicioso.

22. Cuando un régimen privilegiado ha sido considerado realmente pernicioso, al Estado en cuestión se le concede la oportunidad de derogar el régimen o modificar las características que crean el efecto pernicioso. Los otros Estados pueden tomar medidas defensivas para contrarrestar los efectos del régimen pernicioso, mientras que, al mismo tiempo, se continúa estimulando al Estado que aplica el régimen preferencial para que lo derogue o lo modifique[6]. Asimismo, se reconoce el derecho de los Estados a usar medidas defensivas incluso en supuestos que no implican regímenes fiscales privilegiados, tal y como se definen en el Informe de 1998. El Informe de 1998 no afecta al derecho de los Estados a recurrir a dichas medidas en las situaciones de esta naturaleza[7].

Notas

1. Véase apartado 6 del Informe de 1998, p. 8.
2. Véase apartado 7 del Informe de 1998, p. 8.
3. Véanse los apartados 59-79 del Informe de 1998, pp. 25-34.

4. Nótese que en la evaluación de los factores de transparencia o de intercambio de información efectivo, el FPFP examina específicamente cómo un régimen particular se encuentra en relación a estos factores clave. No pretende revisar el trabajo del Foro Global, que tiene un enfoque más general y amplio sobre la transparencia e intercambio de información efectivo. No obstante, en la medida en que el trabajo del Foro Global subraya ciertos temas con respecto a un régimen particular, el FPFP los tiene en cuenta en sus evaluaciones.

5. Para una explicación más detallada de cada una de estas cuestiones véanse los parágrafos 80-84 del Informe de 1998 pp. 34-35.

6. Véase el parágrafo 96 del Informe de 1998, p. 40.

7. Véase el parágrafo 98 del Informe de 1998 en el que se establece este principio en relación con las normas específicas de Transparencia Fiscal Internacional – Normativa CFC, p. 41.

Bibliografía

OCDE (1998), *Competencia fiscal nociva: un tema global*, Ediciones OCDE, París, http://dx.doi.org/10.1787/9789264162945-en.

Capítulo 4

La modernización del trabajo sobre prácticas fiscales perniciosas: El criterio de la actividad sustancial

23. Para luchar contra los regímenes perniciosos de manera más eficaz, la Acción 5 del Plan de Acción BEPS (OCDE, 2013) exige al FPFP modernizar el trabajo sobre prácticas fiscales lesivas, con un enfoque renovado sobre el criterio de actividad sustancial para cualquier régimen preferencial y con la prioridad de la mejora de la transparencia, especialmente por el sistema obligatorio de intercambio espontáneo de acuerdos referidos a regímenes preferenciales. Este capítulo describe el trabajo desarrollado por el FPFP en la primera de estas dos prioritarias áreas. Por tanto, el debate sobre la actividad sustancial en este capítulo se construye sobre, e integra, la discusión del Informe de progreso de 2014 (OCDE, 2014) con el fin de reagrupar todas las discusiones sobre el enfoque del nexo en un mismo Informe. Por tanto, este capítulo es totalmente autónomo y contiene toda la guía sobre el enfoque del nexo y sus aplicaciones en el marco de los regímenes que ofrecen un trato fiscal privilegiado para ciertos tipos de rentas procedentes de la propiedad intelectual ("Regímenes PI").

I. Introducción

24. La Acción 5 requiere especialmente la existencia de una actividad sustancial para cualquier tipo de régimen preferencial. Visto en el contexto más amplio del trabajo sobre BEPS, este requisito contribuye al segundo de los pilares del proyecto BEPS, que consiste en alinear la tributación con la sustancia, asegurando que los beneficios gravables no pueden seguir siendo artificialmente trasladados fuera de los países donde se crea el valor. El marco establecido en el Informe de 1998 (OCDE, 1998) ya prevé un requisito de actividad sustancial. Este requisito está enraizado, en particular, en el factor duodécimo (es decir, el "otro" criterio adicional octavo) dispuesto en el Informe de 1998. Este criterio analiza si el régimen "fomenta operaciones o acuerdos con una motivación exclusivamente fiscal" y precisa que "un gran número de regímenes fiscales preferenciales perniciosos están diseñados de forma que permiten a los contribuyentes beneficiarse del régimen llevando a cabo operaciones en las que las motivaciones son exclusivamente fiscales, que no implican ninguna actividad sustancial". El Informe de 1998 contiene las indicaciones limitadas sobre la manera de aplicar este criterio.

25. La Acción 5 da una importancia creciente al criterio de actividad sustancial, al ordenar la elaboración del mismo en el contexto de los trabajos de BEPS. Así pues, este criterio será considerado junto con los cuatro criterios clave para determinar, dentro del ámbito del trabajo del FPFP, si un régimen privilegiado es potencialmente lesivo. El FPFP analizó varios métodos para la aplicación del criterio de actividad sustancial en el marco de los regímenes PI. Existe una clara conexión entre este trabajo y las declaraciones en

el Plan de Acción BEPS, en el que las actuales preocupaciones en el área de las prácticas fiscales lesivas podrían ser menores en lo que se refiere a la tradicional compartimentación de regímenes y, por el contrario, serían mayores en lo relacionado con las reducciones del tipo de gravamen del impuesto sobre sociedades para determinados tipos de renta, como la procedente de la cesión de intangibles[1]. Todos los regímenes PI de los Estados miembros y asociados han sido revisados al mismo tiempo como parte del actual examen y ninguno de esos regímenes habían sido revisados como parte de trabajos previos. El requisito preciso de actividad sustancial puede ser aplicado sin necesidad de reevaluar los regímenes PI previamente revisados. En virtud de la Acción 5, el criterio de actividad sustancial se aplica a todos los regímenes preferenciales dentro del ámbito, incluyendo otros regímenes privilegiados que no sean regímenes PI, y también el FPFP ha analizado este aspecto.

II. El criterio de actividad sustancial en el marco de los regímenes PI

26. Los regímenes que ofrecen un trato fiscal preferencial a la renta derivada de la PI suscitan inquietudes a propósito de la erosión de bases imponibles, convirtiéndose en el eje central del trabajo del FPFP. Al mismo tiempo, está reconocido que las industrias intensivas de PI son un motor clave de crecimiento y empleo, así como que los países son libres para ofrecer incentivos fiscales para el desarrollo de actividades de investigación y desarrollo (I+D), siempre que se establezcan respetando los principios acordados por el FPFP. Así pues, la perspectiva adoptada por el FPFP al requerir actividad sustancial no pretende recomendar un régimen PI específico, sino que describe los límites exteriores de cualquier régimen PI que conceda beneficios fiscales a las actividades I+D, sin que comporte efectos lesivos sobre otros países. El FPFP no realiza ninguna recomendación sobre la introducción de regímenes PI, así las jurisdicciones fiscales conservan la libertad para decidir si aprueban o no un régimen sobre la PI. Estos regímenes sobre la PI que ofrecen beneficios a un conjunto más limitado de la renta, de activos de PI, de gastos, o de contribuyentes, como los que se indican más abajo, serían igualmente conformes con la perspectiva del FPFP.

27. El FPFP analizó tres métodos diferentes para el requisito de actividad sustancial en un régimen de PI. El primero, que se centró en la creación de valor, requería a los contribuyentes llevar a cabo un número importante de actividades significativas de desarrollo. Este enfoque no tuvo más apoyo que los otros dos. La segunda perspectiva se basó en los principios de precios de transferencia, lo que permitiría a un régimen conceder los beneficios a toda la renta generada por la PI siempre que se dieran tres condiciones: que el contribuyente haya localizado un conjunto de funciones importantes en la jurisdicción que ofrece el régimen; que sea el propietario legal de los activos que le dan derecho a los beneficios fiscales y los usa; y, que soporte los riesgos económicos de los activos que dan derecho a los beneficios fiscales. Algunos países apoyaron este enfoque basado en los precios de transferencia, pero muchos más plantearon objeciones sobre el mismo, y por ello mismo el trabajo del FPFP no lo desarrolló más. El tercero método era el enfoque del nexo, que ha sido acordado por el FPFP y ratificado por el G20[2].

28. Según este enfoque, se examina si el régimen PI condiciona sus incentivos fiscales a la importancia de las actividades de investigación y desarrollo (I+D) realizadas por los contribuyentes que se benefician del mismo. Este enfoque se inspira en el principio básico que subyace en los créditos I+D y en los regímenes fiscales similares "a la entrada o frontales", que se aplican sobre los gastos incurridos en la creación de la PI. Bajo estos regímenes frontales, los gastos y beneficios están directamente vinculados porque los gastos son usados para calcular el beneficio fiscal. El enfoque del nexo extiende este principio para aplicarse también a los regímenes fiscales "a la salida o terminales", que son los que se

aplican a la renta obtenida después de la creación y de la explotación de la PI. Así, el enfoque del nexo no solo se aplica a las jurisdicciones de PI que conceden beneficios directamente a los gastos en los que se incurre para la creación de la PI, sino también se aplica a las jurisdicciones que conceden sus incentivos fiscales a la renta derivada de la PI, en tanto en cuanto que hay un nexo directo entre dicha renta y los gastos que contribuyen a esta renta. Este enfoque sobre los gastos se alinea con la finalidad que subyace en los regímenes PI, asegurando que estos regímenes que pretenden fomentar las actividades I+D solo ofrecen dichos incentivos fiscales a los contribuyentes que de hecho están comprometidos en estas actividades.

29. Por consiguiente, los gastos representan un indicador de las actividades sustanciales. No es *la cantidad de gastos* la que representa el indicador directo de la cantidad de actividades. Es, en cambio, *la proporción de gastos* directamente relacionados con el desarrollo de las actividades la que demuestra el valor real añadido por el contribuyente, y actúa además como indicador del volumen de actividad sustancial desarrollada por el contribuyente. El enfoque del nexo aplica un análisis proporcional a la renta, según la cual la proporción de la renta que se puede beneficiar de un régimen de PI es la misma proporción que la existente entre los gastos que dan derecho a la aplicación del régimen y los gastos totales. En otras palabras, el enfoque del nexo permite a un régimen proporcionar un tipo de gravamen preferencial sobre la renta obtenida de la PI en la medida en que fue generada por los gastos en I+D. El propósito del enfoque del nexo consiste en conceder incentivos exclusivamente a la renta que procede de la PI, en la que la actividad real de I+D es realizada por el mismo contribuyente. Este objetivo se consigue definiendo "gastos que dan lugar al incentivo fiscal" de tal manera que impidan la mera contribución de capital o que los gastos para la actividad sustancial I+D sean sufragados por terceros, distintos al contribuyente, para poder beneficiarse de los incentivos previstos en un régimen de PI.

30. Si una compañía solo tuviera un activo de PI y hubiera incurrido en todos los gastos para desarrollarlo, el enfoque del nexo simplemente permitiría que toda la renta derivada del activo de la PI pudiera beneficiarse del incentivo previsto en este régimen. De todas formas, una vez que el modelo de negocio de una compañía se complica, el enfoque del nexo también, por necesidad, se convierte en más complejo, y ello porque el enfoque debe determinar un nexo entre distintas vertientes de tipos de renta y gasto y, así, solo alguno de ellos podría ser merecedor del incentivo fiscal de la PI. Para abordar esta complejidad, el enfoque del nexo distribuye la renta de acuerdo a una ratio de gastos. El enfoque del nexo determina qué renta puede recibir beneficios fiscales al aplicar la siguiente fórmula:

$$\frac{\text{Gastos que dan derecho al beneficio en los que se incurre para desarrollar un activo de PI}}{\text{Total de gastos incurridos para desarrollar un activo de PI}} \times \text{Total de la renta derivada del activo PI} = \text{Renta sujeta a beneficios fiscales}$$

31. La ratio en esta fórmula ("la ratio del nexo") solo incluye gastos totales y los que dan derecho al régimen preferencial incurridos por la entidad. Por tanto, no se consideran todos los gastos en que se haya incurrido en el desarrollo del activo de la PI. Como se explicará en las siguientes disquisiciones relativas a los gastos que dan derecho al incentivo y los gastos totales, un contribuyente con el derecho al incentivo que no adquirió el activo de PI o que externalizó el desarrollo del activo de PI a una parte vinculada, por tanto, tendría una ratio del 100%, que se podría aplicar a la totalidad de la renta derivada del activo de la PI. A su vez, esto significa que el enfoque del nexo no fue diseñado para perjudicar a los mecanismos o contratos en los que distintas entidades se comprometen en distintas actividades para contribuir al desarrollo de los activos de PI[3].

32. Cuando la cantidad de renta que se beneficia de los incentivos del régimen de PI no excede de la cantidad determinada por el enfoque del nexo, el régimen satisface el requisito de la actividad sustancial. El resto de este apartado ofrece una guía adicional sobre la aplicación del enfoque del nexo y la fórmula más arriba incluida.

A. Contribuyentes susceptibles de beneficiarse de un régimen PI

33. Los contribuyentes susceptibles de beneficiarse de un régimen PI comprenderían las compañías residentes, los establecimientos permanentes nacionales (EPs) de compañías extranjeras y los EPs extranjeros de compañías residentes que estén sujetos a gravamen en la jurisdicción que ofrece los beneficios. Los gastos incurridos por un EP no pueden reunir los requisitos de la renta obtenida por la casa central, como renta susceptible de beneficiarse de un régimen PI, si el EP no está operativo en el momento en que se obtiene la renta[4].

B. Activos de PI

34. Según el enfoque del nexo, tal y como se contempla, los activos PI que podrían beneficiarse de los incentivos fiscales previstos en un régimen PI son las patentes y otros activos PI funcionalmente equivalentes a patentes, si estos otros activos están legalmente protegidos[5] y además están sujetos a procesos similares de autorización y registro, en los que éstos sean pertinentes. Los activos PI que son funcionalmente equivalente a las patentes son (i) patentes en un sentido amplio, (ii) software registrado, y (iii) en algunas circunstancias indicadas más abajo, otros activos PI que son útiles, novedosos y no evidentes.

35. En lo que concierne a la primera categoría de activos funcionalmente equivalentes, son susceptibles de beneficiarse de este régimen PI según el enfoque del nexo no solo las patentes en el sentido estricto del término, sino también los modelos de utilidad; los activos PI que garantizan protección a las plantas y el material genético; la designación de un fármaco huérfano y las ampliaciones de la protección de patentes. Los modelos de utilidad, independientemente de su designación en el Derecho nacional (ejemplos: denominados "petty patents", "patentes de innovación", "patentes de invención" y "patentes a corto plazo") protegen normalmente las adaptaciones, poseen un proceso de patente menos riguroso y ofrecen una protección de las patentes para un periodo de tiempo más corto. Los activos PI que garantizan protección a plantas y a material genético incluirían los derechos de los obtentores o certificados de obtención vegetal, lo que garantiza un control exclusivo sobre las nuevas variedades de plantas. Las designaciones de un fármaco huérfano son proporcionados por las agencias gubernamentales para ciertos fármacos que son desarrollados para el tratamiento de enfermedades raras o para el tratamiento de enfermedades que probablemente no darán lugar a beneficios significativos. Estas designaciones conceden los derechos exclusivos a la innovación. Las ampliaciones de la protección de patentes como, por ejemplo, los certificados de protección adicional extienden el derecho exclusivo de ciertas patentes para fármacos y productos fitosanitarios, y reconocen el tiempo requerido para investigar y desarrollar estos activos de PI, generalmente más largo que el que se necesita para investigar y desarrollar otro tipo de activos de PI, lo que justifica que la protección de la vida del activo deba ser ampliada pasada la duración de la patente. Por consiguiente, los activos PI en la primera categoría comprenden patentes en el sentido amplio del término, incluyendo la ampliación de la protección de la patente.

36. El software registrado[6] comparte las características fundamentales de las patentes, ya que es novedoso, útil y no evidente. Surge del tipo de innovación y de I+D que estimulan y fomentan precisamente los regímenes PI. Además, los contribuyentes en la industria del software son poco dados a externalizar el desarrollo de su software básico a terceros

no vinculados. El software registrado protegido por los derechos de autor pertenece a la segunda categoría de los activos PI funcionalmente equivalentes, mientras que otros tipos de activos protegidos por derechos de autor no entran en la definición de este tipo de activos, porque no surgen del mismo tipo de actividades I+D como el software.

37. Los activos de PI susceptibles de incurrir en este régimen preferencial pueden incluir también otros activos no contemplados en las dos primeras categorías, pero que comparten características de las patentes (es decir, no evidentes, útiles y novedosos); son sustancialmente similares a los activos PI de las primeras dos categorías, y se certifican como tal en un proceso de certificación transparente por una agencia gubernamental competente que es independiente de la Administración tributaria. Dicho proceso de certificación debe ofrecer también transparencia total sobre el tipo de activos comprendidos. Los contribuyentes que pueden resultar elegibles para dichos beneficios son aquellos cuyo volumen de negocios total del grupo no sobrepase los 50 millones de euros (o una cantidad equivalente en la moneda de país), y sus ingresos brutos obtenidos derivados de todos los activos PI no sobrepasen los 7,5 millones de euros por año (o una cantidad equivalente en la moneda del país), usando en ambos casos la media de los últimos cinco años[7]. Las jurisdicciones que ofrecen beneficios a la renta derivada de la tercera categoría de los activos IP deben notificar al FPFP que conceden dichos incentivos y deben suministrar información sobre el marco legal y administrativo aplicable. Facilitarán asimismo información al FPFP sobre el número de cada tipo de activo PI incluido en la tercera categoría, el número de contribuyentes que se benefician de la tercera categoría y la cuantía total de la renta PI derivada de esta categoría de los activos PI elegibles. Las jurisdicciones también tendrían que intercambiar información espontáneamente de los contribuyentes que se beneficien de la tercera categoría de los activos PI, usando el entorno establecido en el Capítulo 5[8]. El FPFP procederá a revisar los activos PI de la tercera categoría a más tardar en 2020.

38. El enfoque del nexo se centra en el establecimiento de un vínculo entre los gastos, los activos PI y la renta. Según este enfoque, los activos de carácter comercial o de marketing, como las marcas, nunca podrán ser elegibles para beneficiarse de los incentivos fiscales previstos en un régimen PI[9].

C. Gastos que dan derecho a beneficiarse de un régimen PI

39. Los gastos que dan derecho a beneficiarse del régimen PI deben haber sido realizados por un contribuyente en el que concurran las condiciones requeridas y tienen que estar directamente vinculados con el activo PI. Las jurisdicciones ofrecerán sus propias definiciones de los gastos elegibles, debiendo asegurar que estos gastos solo se destinan para actividades reales de I+D. Asimismo, se incluirán los tipos de gastos que actualmente dan lugar al nacimiento de los créditos fiscales I+D según la normativa tributaria de distintas jurisdicciones[10]. No se incluirían el pago de intereses, los costes de construcción, los costes de adquisición o cualquier otro coste que no estuviera directamente vinculado a un activo PI específico[11]. No obstante, cuando los gastos para I+D de carácter general o especulativo no puedan ser incluidos entre los gastos elegibles de un activo PI específico con el que tienen un vínculo directo, podrían ser divididos en forma de prorrata en atención a los activos o productos PI. Los gastos elegibles serán incluidos en la fórmula del nexo en el momento en que se incurran, independientemente de su tratamiento contable o fiscal. En otras palabras, los gastos que no son totalmente deducibles en el año en el que se incurren porque están capitalizados serán incluidos totalmente en la ratio del nexo, tomándose en consideración en el año en el que se incurrieron. Esta norma temporal solo se aplica a propósito de la ratio del nexo, y no pretende cambiar ninguna norma relativa a los periodos de contabilización previstas por la normativa fiscal de cada jurisdicción.

40. A efectos del cálculo de los gastos elegibles, las jurisdicciones pueden permitir a los contribuyentes una "elevación" del 30 % de los gastos elegibles. Esta elevación puede incrementar los gastos elegibles en la medida en que el contribuyente haya contabilizado y mantenga registrados los gastos no elegibles. Es decir, la cantidad incrementada de gastos elegibles no puede exceder del total de los gastos del contribuyente. Lo anterior se explica en los siguientes ejemplos:

- Ejemplo 1: El contribuyente incurrió en gastos elegibles de 100, pagó por costes de adquisición 10, por los gastos de I+D de una parte vinculada 40. La cantidad inicial de gastos elegibles es, por tanto, 100, y el máximo de elevación será 30 (i.e. 100 x 30 %). El contribuyente puede incrementar sus gastos elegibles a 130 si sus gastos totales son iguales o mayores a 130. El total de los gastos en este ejemplo es igual a 150, de modo que la elevación puede incrementar los gastos elegibles a 130. La renta de PI será multiplicando, por tanto, por la ratio 130/150 (o 86.7 %).
- Ejemplo 2: El contribuyente incurrió en gastos elegibles de 100, en gastos de adquisición de 5, y pagó 20 por los gastos de I+D de una parte vinculada. La elevación máxima incrementaría los gastos elegibles de nuevo a 130, pero el contribuyente en este ejemplo solo tiene 125 de gastos totales. La elevación puede por tanto incrementar los gastos elegibles a 125 y, por tanto, la renta PI será multiplicada por 125/125 (o 100 %).

41. El objetivo de la elevación es asegurar que el enfoque del nexo no penaliza excesivamente a los contribuyentes por adquirir PI o externalizar actividades I+D a partes vinculadas. La elevación permite garantizar que los contribuyentes solo reciben beneficios si ellos mismos realizan las actividades I+D, pero reconoce que los contribuyentes que adquirieron PI o externalizaron una parte del I+D a una parte vinculada pueden ellos mismos ser responsables de una gran parte de la creación del valor que contribuyó a la renta PI.

D. Gastos totales.

42. Los gastos totales deben estar definidos de tal manera que, si el contribuyente elegible incurrió por sí mismo en todos los gastos pertinentes, la ratio permitiría beneficiarse del régimen preferencial al 100 % de la renta derivada del activo PI. Esto significa que los gastos totales deben ser la suma de todos los gastos que contarían como gastos elegibles si fueran realizados por el contribuyente mismo. De lo que se deriva que cualquier gasto que no fuera incluido entre los gastos no elegibles, incluso aquellos realizados por el contribuyente mismo (i.e. pago de intereses, costes de construcción y otros costes que no representan actividades I+D reales) no pueden ser incluidos en los gastos totales y, por consiguiente, no afectan a la cantidad de renta que se puede beneficiar de un régimen PI. Los costes de adquisición de PI son una excepción, ya que se incluyen en los gastos totales y no en los gastos elegibles. Sin embargo, su exclusión es coherente con el principio de lo que se considera incluido en los gastos totales, dado que se trata de un indicador aproximado de los gastos soportados por un contribuyente no elegible. Por tanto, los gastos totales incluyen los gastos que dan derecho a la aplicación del régimen preferencial PI, los costes de adquisición y los gastos de externalización que no se consideran como gastos elegibles.

43. Así pues, el enfoque del nexo no incluye todos los gastos en los que se hubiera incurrido en el desarrollo de un activo PI en los gastos totales. En cambio, solo añade dos cuestiones a los gastos elegibles: los gastos de externalización a partes vinculadas y los

costes de adquisición [12]. Por tanto, la ratio del nexo puede ser representada de la siguiente manera:

$$\frac{a+b}{a+b+c+d}$$

44. En esta versión de la ratio del nexo, *a* representa los gastos en I+D incurridos por el propio contribuyente, *b* representa los gastos de externalización para partes no vinculadas, *c* representa los costes de adquisición, y *d* representa los gastos de externalización para partes vinculadas. Esto significa que la única forma de que la ratio pueda reducirse de 100% es si el contribuyente externalizó el I+D o adquirió el I+D a partes vinculadas. Normalmente los gastos para I+D infructuosos no serán incluidos en la ratio del nexo, lo que resulta congruente con los propósitos de los regímenes PI que conceden beneficios a la renta, ya que la I+D infructuosa, por definición, no genera renta. No obstante, si los gastos en I+D fueron realizados por el propio contribuyente o externalizados a partes no vinculadas en conexión con un proyecto de mayor importancia de I+D que produjo un activo PI generador de renta, entonces el régimen PI puede también incluir todos esos gastos en I+D como elegibles, sin limitarse a aquellos que, retrospectivamente, hubieran contribuido directamente a la renta del PI. Estos gastos podrían ser tratados de la misma manera como si fueran de I+D generales o especulativos, y bien ser divididos según la fórmula de prorrata entre los activos de PI, o bien ser incluidos en los gastos elegibles si existiera un vínculo directo entre el activo PI y los gastos. Como en el contexto de los gastos elegibles, los gastos totales serán incluidos en la fórmula del nexo en el momento en que se incurrieron, independientemente de su tratamiento contable o fiscal. Esta norma temporal solo se aplica a los efectos de la ratio del nexo, y no pretende cambiar ninguna norma relativa a los periodos de contabilización previstos en la normativa tributaria de los distintos países, en la medida en que se aplican para otros fines, incluyendo el cómputo de todas las rentas obtenidas del activo PI [13].

45. A menudo, los gastos totales son incurridos antes de que la producción de renta pueda ser objeto de beneficios a efectos de los incentivos fiscales previstos en el régimen PI. El enfoque del nexo es una perspectiva adicional o agregada, y el cálculo requiere de ambos que los "gastos elegibles" incluyan todos los gastos elegibles incurridos por el contribuyente a lo largo de la vida del activo PI, y que los "gastos totales" incluyan todos los gastos en los que se incurra a lo largo de la vida del activo PI. Estas cifras aumentan, por tanto, cada vez que un contribuyente incurra en un gasto que calificase para una u otra categoría. La proporción de las cuantías, tal y como se vayan acumulando, determinarán el porcentaje a ser aplicado a la renta total obtenida cada año.

E. Renta total

46. Las jurisdicciones definirán "renta total" de manera congruente con sus normas internas relativas a la definición de renta, después de la aplicación de las normas de precios de transferencia. La definición elegida por aquéllas debería cumplir con los siguientes principios:

La renta que se beneficie del régimen debería ser proporcionada:

47. La renta total debería ser definida de tal manera que la renta que se beneficie del régimen no sea desproporcionadamente alta en relación con el porcentaje de gastos elegibles realizados por los contribuyentes pertinentes. Esto significa que la renta total no debería ser definida como renta bruta del activo PI, ya que dicha definición podría permitir

que el 100% de la renta neta de los contribuyentes elegibles pudiera beneficiarse de este régimen, incluso cuando dichos contribuyentes no hubieran incurrido en el 100% de los gastos elegibles. Por el contrario, la renta total debería ser calculada restando de la renta bruta del PI obtenida en el año los gastos de PI atribuibles a la renta en el mismo año[14].

La renta total debería estar limitada a la renta PI:

48. La renta total debería incluir exclusivamente la renta que se obtiene del activo PI. Esta puede incluir cánones o regalías, ganancias de capital y otras rentas de la venta del activo PI, así como la renta PI integrada derivada de la venta de productos y el uso de procesos directamente relacionados con el activo PI. Los países que eligen conceder beneficios a la renta PI integrada deben aplicar un método congruente y consistente para separar la renta no vinculada a la PI (por ejemplo, las ganancias derivadas del marketing y de la fabricación), de la renta que surge de la PI. Un método basado en los principios de los precios de transferencia podría, por ejemplo, alcanzar este resultado[15].

F. Externalización

49. El enfoque del nexo pretende asegurar que, para que una parte significativa de la renta PI pueda beneficiarse de los incentivos fiscales de un régimen PI, una proporción también importante de las actividades reales de I+D deba haber sido realizada por el contribuyente por sí mismo. El enfoque del nexo permitiría que todos los gastos elegibles para actividades desarrolladas por partes no vinculadas (tanto si estaban o no en la jurisdicción) calificasen para tal régimen fiscal, mientras que todos los gastos para las actividades desarrolladas por las partes vinculadas –de nuevo, tanto si estaban o no en la jurisdicción– no contarían como gastos elegibles[16].

50. Como práctica comercial, la externalización ilimitada a partes no vinculadas no debería proporcionar muchas oportunidades de beneficios fiscales para los contribuyentes que no están comprometidos en actividades sustanciales porque, mientras una compañía puede externalizar el amplio espectro de sus actividades I+D a una parte vinculada, la misma situación no se produce en caso de una parte no vinculada. Efectivamente, dado que la mayor parte del valor de un activo PI permanece a la vez en ambos sujetos, el I+D emprendido para crearlo y la información necesaria para acometer dichas actividades I+D, es poco probable que una compañía externalizara la fundamental actividad de creación de valor a una parte no vinculada, independientemente de lugar de su localización[17]. Así pues, al permitir que solo los gastos incurridos por las partes no vinculadas sean gastos elegibles se alcanza el objetivo del enfoque del nexo, según el cual se conceden los beneficios fiscales a la renta que surge de las actividades sustanciales de I+D en las que el contribuyente por sí mismo se comprometió y que han contribuido a la renta. Los países pueden delimitar más la definición de partes no vinculadas e incluir solo universidades, hospitales, centros I+D y entidades sin ánimo de lucro que fueran no vinculadas al contribuyente elegible. Cuando un pago se realiza a través de una parte vinculada a una no vinculada sin ningún margen, el pago será incluido entre los gastos elegibles.

51. Los países pueden también permitir exclusivamente la externalización a no vinculadas hasta cierto porcentaje o proporción (mientras que persiste la exclusión de la externalización a partes vinculadas desde la definición de gastos elegibles). Como se explica más arriba, la realidad del mundo empresarial viene a señalar que una compañía no externalizará más que una cantidad escasa de actividades I+D a una parte no vinculada, de modo que una prohibición de externalización a cualquier parte relacionada y un límite que prohíbe la externalización a partes no vinculadas más allá de una cantidad escasa debería

tener el efecto equivalente de limitar los gastos elegibles a aquellos gastos incurridos para apoyar las actividades fundamentales de I+D por el contribuyente.

G. Tratamiento de la PI adquirida

52. Siguiendo el enfoque del nexo, el principio básico que subyace en el tratamiento de la PI adquirida consiste en que solo los gastos incurridos para la mejora del activo PI, después de su adquisición, deberían ser tratados como gastos elegibles. Para alcanzar este fin, el enfoque del nexo excluiría los costes de adquisición para la definición de los gastos elegibles, como se menciona más arriba, y solo permitiría los gastos incurridos tras la adquisición para ser tratados como gastos elegibles. No obstante, los costes de adquisición serían incluidos en los gastos totales. Estos costes incluirían, entre otros gastos, aquellos en que se incurrió para obtener los derechos de investigación[18]. Estos costes (o, en el caso de licencias, los cánones o regalías o derechos de licencia) son considerados como un indicador de los gastos totales incurridos antes de la adquisición. Por tanto, ningún gasto incurrido antes de la adquisición por ninguna parte será incluido ni como gasto elegible, ni entre los gastos totales[19]. En el marco de adquisiciones entre partes vinculadas, los costes de adquisición deben ser calculados según el principio del precio que se darían dos partes independientes o de plena concurrencia. Puesto que los contribuyentes pueden tener como incentivo el devaluar las transferencias entre partes vinculadas en los regímenes PI, cualquier adquisición de este tipo requerirá que los contribuyentes preparen la documentación que acredite el precio que se pagaría entre partes independientes, incluyendo la documentación de todos los gastos totales en los que incurrió el vendedor. Las adquisiciones incluyen cualquier transferencia de derechos, independientemente de si el pago fue realmente realizado.

H. Seguimiento de la renta y de los gastos

53. Puesto que el enfoque del nexo se basa en la existencia de un nexo entre los gastos y la renta, a las jurisdicciones que deseen introducir un régimen PI se les requiere que obliguen a los contribuyentes que quieran beneficiarse de dicho régimen a que lleven a cabo un seguimiento de los gastos, de los activos PI y de la renta, para asegurar así que la renta que se beneficia de los incentivos surgió de los gastos elegibles para dichos incentivos. Si un contribuyente tiene sólo un activo PI que ha sido desarrollado totalmente por sí mismo, que produce toda su renta, este seguimiento debería ser bastante simple, ya que todos los gastos elegibles en los que incurrió la compañía determinarán los beneficios concedidos a toda la renta obtenida. Ahora bien, si una compañía tiene más de un activo PI o se compromete a cualquier grado de externalización o adquisición de PI, el seguimiento se convierte en esencial. El seguimiento debe asegurar que los contribuyentes no hayan manipulado el volumen de gastos totales para inflar la cuantía de renta que puede beneficiarse de dicho régimen. Esto significa que los contribuyentes deberán ser capaces de monitorizar el vínculo entre gastos y rentas, y ofrecer prueba de ello a sus Administraciones tributarias. No comprometerse a dicha trazabilidad no impedirá a los contribuyentes obtener de renta PI en un país, pero les impedirá beneficiarse de un régimen preferencial PI.

54. La principal complejidad asociada con el seguimiento surge del hecho que un tipo de gravamen preferencial se aplica a cierta renta PI, lo que es una función del régimen fiscal más que del enfoque del nexo, y la propia existencia de los regímenes PI nos lleva a entender que los contribuyentes tendrán la voluntad de cumplir con ciertos requerimientos, a menudo complejos, cuando se haga depender de éstos el beneficio fiscal opcional. Puesto que el enfoque del nexo homogeneizará los requisitos de los regímenes PI de todas

las jurisdicciones, a largo plazo podría reducirse la complejidad a la que actualmente se enfrentan los contribuyentes que se benefician de múltiples regímenes PI.

55. El principio fundamental que subyace en el enfoque del nexo es que la renta debe beneficiarse solo de un régimen PI en la medida en que el contribuyente por sí mismo incurrió en los gastos I+D que contribuyeron a la PI. Por el contrario, si el contribuyente adquirió la PI o externalizó las actividades de I+D a una parte vinculada, la renta obtenida de la PI adquirida o de las actividades I+D externalizadas no deben beneficiarse de un régimen PI. El enfoque del nexo fue diseñado requiriendo un vínculo entre gastos, activos PI y la renta PI, los contribuyentes en consecuencia deben efectuar un seguimiento por activo PI. No obstante, cuando dicho seguimiento no fuera factible y requiriese de juicios arbitrarios, las jurisdicciones podrían entonces elegir el permitir la aplicación del enfoque del nexo de modo que el vínculo pueda ser entre gastos, productos derivados de los activos PI y la renta. Dicho enfoque requeriría a los contribuyentes a incluir en los gastos elegibles todos los gastos elegibles vinculados al desarrollo de todos los activos PI que contribuyeron al producto en "gastos elegibles" e incluir en los gastos totales vinculados al desarrollo de todos los activos PI que contribuyeron al producto en "gastos totales". Esta ratio acumulativa sería aplicada entonces a toda la renta total del producto que fuese directamente vinculada a todos los activos PI que hubieran sido necesarios. Este enfoque sería coherente con el enfoque del nexo en casos en que múltiples activos PI sean incorporados en un producto final. Ahora bien, los países deben asegurar que este enfoque basado en el producto requiere un seguimiento preciso de todos los gastos elegibles y totales a nivel del producto, y que estos beneficios expiran en un tiempo justo y razonable (por ejemplo, teniendo en cuenta la vida media de todos los activos PI).

56. Este método basado sobre los productos reconoce que las actividades I+D a menudo pueden no ser estructuradas sobre la base de cada activo PI y que el seguimiento por productos es compatible con dicho enfoque del nexo. Esto se debe a que los programas y proyectos I+D son generalmente orientados a responder a cuestiones de investigación o de resolución de problemas técnicos, y no es más que en una fase posterior cuando se aborda el cómo suministrar protección legal a los resultados de estos proyectos. A menudo, los resultados de estos proyectos contribuirán a diversos activos PI. Cuando éste sea el caso, el forzar la atribución de los gastos I+D entre diferentes activos PI requeriría que los contribuyentes dividieran arbitrariamente los proyectos de investigación a través de líneas que no existieron en el tiempo en el que los proyectos fueron realizados.

57. Al usar el enfoque basado sobre los productos, los países deberán ofrecer una definición basada sobre el objeto de los productos, que los contribuyentes deberán seguir y monitorizar, no pudiendo ser tan amplia que incluya toda la renta o los gastos PI de un contribuyente que está llevando a cabo una compleja actividad basada en la PI que implique múltiples productos y proyectos I+D, o tan estrecha que requiera a los contribuyentes seguir y rastrear una categoría totalmente extraña con la innovación o con las prácticas empresariales. Para una compañía que produce múltiples piezas para un tipo de producto, que después vende, por ejemplo un camión, una definición de producto que permitiese el seguimiento y trazabilidad de ese camión, y permitiera al contribuyente atribuir todo sus gastos de I+D y su renta PI vinculada a ese producto final, sería demasiado amplia porque las actividades I+D y los activos relacionados de PI que forman parte con diferente valor de los elementos de conducción no se solaparían suficientemente. Por el contrario, para una compañía que, por ejemplo, produce bisagras que son usadas en cientos de industrias, una definición del producto que requiera al contribuyente seguir y rastrear un tipo específico de bisagra construido para un tipo especial de camión sería demasiado limitada y estrecha y requeriría al contribuyente el seguimiento y trazabilidad a un nivel de detalle que no se

adaptaría y además no se relacionaría con el nivel de innovación actual. En el primer caso (camión completo), sería más apropiado para el contribuyente realizar un seguimiento o una trazabilidad de los componentes. En la segunda situación (bisagras), sería más aconsejable para el contribuyente hacer un seguimiento de los grupos de bisagras que compartieron la misma PI, mejor que los productos en los que fueron utilizados. Esto también significa que no sería apropiado requerir una trazabilidad por productos individuales si tuvieran sólo menores variaciones pero contuvieran la misma PI (por ejemplo, medicinas que son producidas en distintos colores, dosis, o medidas). Por tanto, la definición de productos puede incluir familias de productos como, por ejemplo, componentes para fabricantes de impresoras o computadoras, componentes activos para la industria química, y áreas terapéuticas o categorías más delimitadas de enfermedad para la industria farmacéutica[20]. Al aplicar el enfoque basado en el producto, los países deben evitar que los contribuyentes que lleven a cabo un seguimiento o trazabilidad a un grupo que sea tan amplio que incluyan todos los gastos y rentas de una entidad, de lo que se trata es que los contribuyentes puedan realizar un seguimiento a los productos (incluyendo familias de productos) cuando estos agrupamientos incluyan todos los activos PI que surgen de los gastos solapados y que hayan contribuido a las fuentes comunes de renta.

58. Un contribuyente que use el enfoque basado en el producto debe suministrar documentación justificativa de su compromiso en una actividad vinculada a la PI de modo suficientemente complejo porque en otro caso el seguimiento individual de los activos PI no sería factible y se basaría en juicios arbitrarios. Para impedir la manipulación, el contribuyente que realiza un seguimiento y una trazabilidad a los productos (incluyendo familias de productos) debe ser capaz de justificar a la autoridad fiscal lo apropiado de su método con referencia a información objetiva y verificable, por ejemplo, a través de la coincidencia de los desafíos científicos, tecnológicos o de ingeniería que soportan los gastos de I+D y la renta. Además el contribuyente debe demostrar su congruencia con la organización de actividades de I+D dentro del grupo y también aplicar el enfoque de manera constante.

59. Se ofrecen a continuación algunos ejemplos de seguimiento y trazabilidad por activos PI o por productos derivados de estos activos PI. Todos los ejemplos parten de la hipótesis de que los contribuyentes son residentes en jurisdicciones con regímenes PI compatibles con el enfoque del nexo.

- *Ejemplo A* – La compañía A produce tapas de plástico para tazas de viaje. La compañía A tiene dos patentes, una de las cuales se aplica a tapas de plástico para tazas de café y la otra se aplica a tapas de plástico de tazas de té. La I+D para las dos patentes fue llevada a cabo por distintos equipos de trabajadores de la compañía. Por tanto, la compañía A es un ejemplo de un contribuyente que necesitaría llevar a cabo un seguimiento y trazabilidad de los activos PI. Si no lo hubiera hecho ya, necesitaría establecer un sistema de trazabilidad que identificase la renta obtenida de las tazas de café y de las de té separadamente.

- *Ejemplo B* – La compañía B produce cientos de distintos tipos de impresoras, las cuales están divididas y gestionadas a través de tres familias de producto distintas: grandes impresoras/copiadoras, que son combinaciones para el uso de oficina, impresoras pequeñas y personales para el uso doméstico, e impresoras de fotografías de calidad digital. Cada familia de productos contiene un gran número de distintos tipos de producto. La compañía B se compromete en actividades I+D para desarrollar las impresoras, y éste I+D contribuye a 250 patentes. 100 patentes son relevantes para las tres familias de producto, 50 son sólo relevantes para las combinaciones de grandes impresoras/copiadoras, 50 son relevantes sólo para las impresoras pequeñas y personales y 50 son relevantes sólo para las impresoras fotográficas. Los empleados de la compañía B controlan su tiempo de investigación de acuerdo con cada familia de producto en la que están trabajando, o bien si están comprometidos en actividades de I+D de carácter general o especulativo. Por tanto, la compañía B es un ejemplo de contribuyente que necesitaría llevar a cabo un seguimiento o una trazabilidad de las familias de producto. Si no lo hubiera hecho ya, sería necesario establecer un sistema de trazabilidad que identificara la renta de las tres familias de productos de manera separada. Los gastos en los que se incurre para desarrollar las 100 patentes generales serían divididos entre las familias de producto, y los gastos que son sólo relevantes para familias de productos individuales serían atribuidos sólo aquellas familias de producto. No sería apropiado llevar a cabo un seguimiento y una trazabilidad a los activos PI o a los tipos de producto porque las actividades de I+D de la compañía B están divididas entre las familias de producto, así que la trazabilidad y el seguimiento de productos individuales podría sobre-atribuir gastos a una impresora individual o infra-atribuir gastos a otra impresora.

- *Ejemplo C* – La compañía C es una empresa farmacéutica que tiene miles de patentes y que produce cientos de productos farmacéuticos. Cada patente contribuye a múltiples productos, y cada producto usa distintas patentes. La compañía C gestiona y lleva a cabo un seguimiento de sus actividades I+D, incluyendo el tiempo que sus trabajadores, a través de las cuatro enfermedades distintas que tratan sus productos. Las actividades I+D realizadas para una enfermedad generalmente no se solapan con las actividades de I+D efectuadas para otra enfermedad, y las enfermedades son lo suficientemente diversas para que los productos de una enfermedad no sean usados para tratar otra enfermedad. Los gastos de la compañía C no pueden ser analizados en los productos individuales (ya que los gastos de I+D tendrían que ser divididos entre los múltiples productos, lo que solo puede ser hecho sobre bases arbitrarias). La renta de la compañía C no puede ser identificada en las patentes individuales (porque la renta derivada de un producto tendría que ser dividida entre las múltiples patentes, requiriendo atribuciones arbitrarias). Por tanto, la compañía C necesitaría llevar a cabo un seguimiento o una trazabilidad de las enfermedades para las cuales los productos diseñados por la compañía C son utilizados. Y si no se ha realizado ya, se necesitaría establecer un sistema de trazabilidad de las cuatro enfermedades separadamente.

60. El enfoque del nexo fue diseñado para aplicarse en una relación acumulativa de gastos elegibles y gastos totales pero, como medida transitoria, las jurisdicciones podrían permitir a los contribuyentes aplicar una proporción en las que los gastos elegibles y los gastos totales fueran calculados en base a una media acumulada de tres a cinco años. Así pues, los contribuyentes necesitarían una transición al dejar de usar la media de tres a cinco años y pasar a utilizar una proporción acumulativa. Se incluye en el Anexo A un ejemplo de cómo esta transición podría tener lugar. Los países que elijan aplicar una medida transitoria deben incluir cláusulas anti abuso para impedir que los contribuyentes abusen de dicha medida. Estas medidas deben asegurar (i) que los contribuyentes que previamente se beneficiaron de un régimen transitorio no podrían utilizar una medida transitoria del nuevo régimen; y (ii) que los costes de adquisición y los gastos de externalización pagados a partes vinculadas fueran incluidos tanto en la ratio transitoria, como en la ratio acumulativa.

61. El enfoque del nexo ordena que las jurisdicciones incluyan algunas obligaciones de suministro de documentación. Los países pueden proporcionar sus propias indicaciones

sobre esta documentación, pero deben requerir al contribuyente que se beneficie de un régimen PI, al menos los siguientes tipos de documentación:

- Si el contribuyente no lleva a cabo la trazabilidad o seguimiento directamente al activo PI, pero en cambio realiza un seguimiento a los productos, el contribuyente debe suministrar los documentos que prueben la complejidad de su modelo de negocio PI, y justificando la utilización del método basado en los productos.
- El contribuyente debe probar que tiene un activo PI elegible, bien sea por el seguimiento de la renta y de los gastos atribuidos a ese activo PI, bien sea porque el producto ha sido creado utilizando ese activo PI.
- En el cálculo de la renta de la PI, los contribuyentes deben minorar la cantidad de renta PI por cualquier deducción o reducción fiscal que surja del mismo activo PI (o producto). Por tanto, los contribuyentes deben suministrar los documentos de todas las deducciones o reducciones fiscales relevantes y explicar por qué dichos beneficios, si existieran, no fueron utilizados para reducir la cantidad de renta PI que se beneficia de un régimen PI.
- Los contribuyentes que incurran en gastos por actividades I+D de carácter general o especulativo deben establecer un vínculo entre dichos gastos y el activo o producto PI, o bien suministrar una explicación sobre el método de reparto proporcional de estos gastos entre los activos de PI o los productos.
- El contribuyente debe probar que los gastos elegibles y los gastos totales fueron sometidos a un seguimiento o trazabilidad de acuerdo al mismo activo o producto PI, como la propia renta; y, debe proveer documentación sobre dicho seguimiento para explicar que los gastos y la renta estaban vinculados.
- Si el contribuyente adquirió un activo PI de una parte vinculada, aquél deberá preparar la documentación explicativa del precio en condiciones de plena concurrencia. Estos documentos deberán incluir los justificantes de los gastos totales en que la parte vinculada vendedora incurrió.

I. Excepciones y cláusulas transitorias

62. En congruencia con sus trabajos en el área de las prácticas fiscales perniciosas, el FPFP acordó en el Informe de Progreso de 2014 dar nuevas indicaciones sobre las excepciones y cláusulas transitorias, inspirándose, en particular, en el parágrafo 12 del Informe de 2004 (OCDE, 2004a), en el que se indica "el Comité decidió que cuando un régimen está en proceso de ser eliminado debe ser tratado como derogado [...] si (i) no se permiten nuevas entradas en el régimen; (ii) se ha anunciado una fecha definitiva para la completa derogación del régimen; y (iii) el régimen es transparente y está sujeto a un intercambio de información efectivo". Los países acordaron abstenerse de adoptar nuevas medidas que no fueran compatibles con el enfoque del nexo, o extender el ámbito o endurecer las medidas existentes que sean incompatibles con el enfoque del nexo.

63. No se permitirán nuevas entradas en cualquiera de los regímenes PI existentes que no sean compatibles con el enfoque del nexo después del día 30 de junio de 2016. Si un nuevo régimen, compatible con el enfoque del nexo, entra en vigor antes del día 30 de junio de 2016, no se permitirá nuevas entradas en el régimen PI ya existente después de que el nuevo régimen haya entrado en vigor. El FPFP admitió que los países necesitarán tiempo para cualquier proceso legislativo, aunque acordó que cualquier proceso legislativo necesario para hacer los regímenes acordes con el enfoque del nexo debe comenzar en 2015.

64. A los efectos de las excepciones, las nuevas entradas incluyen tanto a los nuevos contribuyentes que previamente no se beneficiaban del régimen PI, como nuevos activos PI poseídos por contribuyentes que ya se beneficiaban del régimen. Se entendió que los contribuyentes que podrían beneficiarse de los regímenes excepcionales serían solo aquellos que reúnan todas las condiciones sustantivas del régimen y hubieran sido oficialmente aprobados por la Administración tributaria, si así fuese requerido en aquel momento. Por tanto, no se incluyen los contribuyentes que hayan meramente solicitado el régimen. Los contribuyentes que hayan sido ya aprobados por la Administración tributaria, pero cuyos activos PI no hayan recibido todavía aprobación oficial pueden, no obstante, beneficiarse de las excepciones si han solicitado la protección de la PI en la jurisdicción del régimen de PI, pero no han recibido aprobación oficial debido al tiempo necesario de aprobación en la correspondiente jurisdicción.

65. Las jurisdicciones están igualmente autorizadas para introducir normas de excepción que permitirán a todos los contribuyentes que se beneficien de un régimen que puedan seguir conservando sus prerrogativas hasta una segunda fecha específica ("fecha de derogación"). El periodo entre las dos fechas no debería exceder de cinco años, por lo que la última fecha posible de derogación sería el día 30 de junio de 2021. Después de esa fecha, los contribuyentes no podrían disfrutar más de los beneficios derivados de los antiguos regímenes.

66. Para mitigar el riesgo de que las nuevas entradas al régimen trataran de buscar los regímenes existentes con el fin de beneficiarse de las cláusulas excepcionales, los países deberían aplicar las siguientes medidas de protección:

- Mejorar la transparencia para las nuevas entradas que se incorporen al régimen después del día 6 de febrero de 2015, requiriendo el intercambio de información espontáneo sobre la identidad de las nuevas incorporaciones que se beneficien del régimen de excepciones, independientemente de si existe o no un acuerdo específico con un contribuyente, no más tarde de la primera de las fechas siguientes (i) tres meses después de la fecha en que la información es comunicada a la autoridad competente del país que concede los beneficios de un régimen PI (y las jurisdicciones deberían establecer sistemas apropiados para asegurar que esta información se transmite a la autoridad competente sin retraso injustificado), o (ii) un año después de que la declaración tributaria fuera cumplimentada en la jurisdicción que conceda los beneficios de un régimen PI.
- Medidas que permitirían a los activos PI beneficiarse de los regímenes de excepciones no compatibles con el enfoque del nexo después del día 31 de diciembre de 2016, a menos que se adquieran directa o indirectamente de partes vinculadas después del día 1 de enero del 2016 y no fueran elegibles para los beneficios en aquel momento de dicha adquisición, según un régimen ya existente en su ciclo final. Dichas medidas impedirán a los contribuyentes que de otra manera no se beneficiarían de un régimen de excepciones usar adquisiciones entre partes vinculadas para cambiar los activos PI en regímenes existentes con el objeto de aprovecharse de la cláusula de transitoriedad. Al mismo tiempo también permitirán a los contribuyentes que adquieran activos PI de partes vinculadas beneficiarse de las cláusulas transitorias si la adquisición tuvo lugar como parte de la reestructuración empresarial interna o internacional con el objeto de transferir activos PI a regímenes que están siendo modificados para cumplir con el enfoque del nexo.

J. Presunción que admite prueba en contrario

67. Los países podrían tratar la ratio del nexo como una presunción que admite prueba en contrario[21]. En ausencia de otra información del contribuyente, un país determinaría la renta tomando en consideración los beneficios fiscales basados en la ratio del nexo. No obstante, los contribuyentes tendrían la capacidad de probar que el volumen de renta que debería beneficiarse del régimen PI es mayor en circunstancias excepcionales, si los contribuyentes que hayan llevado a cabo una actividad de I+D sustancial y elegible, desarrollando un activo o producto PI, pueden establecer que la aplicación de la fracción del nexo les lleva a un resultado en el que el nivel de renta elegible para un régimen preferencial PI no es acorde con el nivel de su actividad de I+D. Las circunstancias excepcionales podrían incluir, por ejemplo, la amortización total o parcial del activo de la PI adquirida en la contabilidad financiera del contribuyente, u otras circunstancias de naturaleza excepcional en las que el contribuyente puede demostrar que haya llevado a cabo actividades creadoras de mayor valor que la reflejada en la fórmula del nexo. Si una jurisdicción elige tratar la ratio del nexo como una presunción iuris tantum, cualquier ajuste a la ratio del nexo debe acabar en un resultado que sea acorde con el nivel de actividad del contribuyente en I+D, congruente con el principio fundamental del enfoque del nexo. Una resolución de la aplicación de la presunción iuris tantum debería ser revisada sobre la base anual para así determinar la presencia continuada de las circunstancias excepcionales. Dicha revisión puede tomar la forma de un acuerdo con revisiones anuales, o puede ser alcanzada por otros medios. En cualquier caso, una Administración tributaria debe tener documentación actualizada indicando que en el contribuyente han concurrido las condiciones establecidas más abajo en el parágrafo 75, y cualquier otra condición que pueda ser requerida bajo la Ley interna.

68. Un país que elija tratar la ratio del nexo como una presunción iuris tantum necesita limitar las situaciones en las que la ratio podría ser podía ser refutada a aquéllas que reúnan, como mínimo, las siguientes condiciones:

- Primero, el contribuyente utiliza la ratio del nexo para establecer una cantidad de renta presunta que podría ser elegible a efectos de los incentivos fiscales.
- La ratio del nexo establecida más arriba (excluyendo la elevación) es igual o superior al 25%.
- El contribuyente prueba que, debido a circunstancias excepcionales, la aplicación de la ratio del nexo da lugar a un resultado no conforme con el principio del enfoque del nexo. El contribuyente específica y suministra pruebas de las circunstancias excepcionales.

69. Dentro de estas limitaciones, el diseño de una presunción que admita prueba en contrario sería definido por los países que decidan aplicarla, pero esta versión del enfoque del nexo requerirá exigencias adicionales de registro y custodia de datos por parte de los contribuyentes, y los países necesitarán establecer procedimientos de seguimiento y de notificación al FPFP de las circunstancias en las cuales se permitirá la prueba en contrario en relación con la ratio del nexo. Además, los países deberán informar sobre el entorno legal y administrativo para permitir a los contribuyentes refutar la ratio del nexo, y, anualmente, se informará sobre el número total de compañías que se benefician del régimen PI, el número de casos en los cuales la presunción iuris tantum es utilizada, el número de dichos casos en los cuales los países espontáneamente intercambian de información, el valor acumulado de la renta que se beneficia de un régimen PI (diferenciando entre renta que se beneficia de la ratio del nexo y la renta que se beneficia de la presunción con prueba en contrario), y una lista de circunstancias excepcionales, descrita en términos genéricos y sin

revelar la identidad del contribuyente, que haya permitido a los contribuyentes refutar la ratio del nexo en cada caso. Esto permitiría al FPFP controlar y monitorizar si los países sólo permitieron a los contribuyentes refutar la ratio del nexo en circunstancias excepcionales. Independientemente de si los contribuyentes refutaron la ratio del nexo en el marco de un acuerdo, los países necesitarían también intercambiar información espontáneamente, en particular la documentación actualizada recibida del contribuyente para cumplir con las condiciones establecidas para refutar la ratio del nexo más arriba indicada, y ello sobre la base de los instrumentos existentes en materia de intercambio de información. En el contexto de los acuerdos específicos con un contribuyente, los países usarían el entorno establecido en el Capítulo 5. Fuera de este contexto, el marco del Capítulo 5 sería usado para determinar con qué jurisdicciones el intercambio de información espontáneo debe intervenir. Una jurisdicción puede o bien intercambiar documentación actualizada recibida, o bien puede usar la plantilla del Anexo C e incluir la información a ser intercambiada en el apartado 7[22].

III. La actividad sustancial en el marco de regímenes distintos al de PI

70. La Acción 5 requiere actividad sustancial no solo para los regímenes PI, sino también para todos los regímenes preferenciales. Por tanto, el FPFP ha analizado la aplicación de la condición de la actividad sustancial a otros regímenes preferenciales que han sido identificados y revisados por el FPFP desde el Informe de 1998. Un análisis más detallado de las modalidades de aplicación de esta obligación a los regímenes específicos debería realizarse en el marco de una categoría específica de los regímenes a estudiar. El debate que sigue más abajo, establece el principio que se aplicará a los regímenes no PI[23].

71. Los regímenes PI son diseñados para fomentar y estimular las actividades I+D y contribuir al crecimiento y al empleo, el principio subyacente del requisito de la actividad sustancial en el marco de los regímenes PI es permitir a los contribuyentes que se comprometieron de hecho en dichas actividades y que incurrieron en gastos reales sobre dichas actividades beneficiarse fiscalmente de dichos regímenes. En el contexto de otros regímenes preferenciales, el mismo principio puede también ser aplicado de modo que dichos regímenes sólo se entenderían que cumplen con el requisito de actividad sustancial si conceden los beneficios fiscales exclusivamente a los contribuyentes elegibles[24] en la medida en que hayan llevado a cabo actividades generadoras de la renta principal requerida para producir el tipo de renta empresarial cubierta por el régimen preferencial.

72. Cuando se aplican los regímenes PI, el requisito de actividad sustancial establece un vínculo entre gastos, activos PI y renta PI. Los gastos son un conector para las actividades, y los activos PI son usados para asegurar que la renta que recibe beneficios surge de hecho de los gastos incurridos por el contribuyente elegible. Por tanto, las consecuencias de este enfoque pretenden vincular renta y actividades. Cuando se aplica a otros regímenes, el requisito de la actividad sustancial debería también establecer un vínculo entre la renta elegible para los beneficios fiscales y las actividades básicas necesarias para obtener dicha renta. Como se estableció en el Informe de 1998, las actividades básicas en cuestión en los regímenes no PI constituyen actividades geográficamente móviles, como las actividades financieras y la prestación de otros servicios[25]. Para estas actividades, el establecimiento de un nexo puede no ser necesario en la medida en que las prestaciones de servicios puedan ser consideradas directamente generadoras de la renta que recibe los beneficios fiscales.

73. La determinación de lo que constituye las actividades esenciales necesarias para obtener un determinado tipo de renta depende de la clase de régimen. La aplicación de los regímenes de los distintos países pueden variar considerablemente incluso cuando los

regímenes en cuestión tratan de un tipo de renta similar, de modo que se necesitaría llevar a cabo un análisis más detallado de las actividades esenciales tomando en cuenta el tiempo y el contexto del régimen específico que se estuviera analizando. No obstante, se propone más abajo una breve descripción del tipo de actividades que pueden ser requeridas por los distintos tipos de régimen preferencial.

A. Regímenes de sedes sociales o Headquarters Regimes

74. Los regímenes de sedes sociales o *Headquarters regimes* conceden un tratamiento fiscal preferencial a contribuyentes que ofrecen determinados servicios como, por ejemplo, la gestión, coordinación o control de las actividades industriales y comerciales para un grupo en su totalidad o para miembros del grupo de un área geográfica específica. De estos regímenes pueden nacer preocupaciones sobre la compartimentación de su actividad, o porque ofrecen una definición artificial de base imponible en la medida en que los beneficios de una entidad son determinados en base al método del "coste incrementado", pero ciertos costes están excluidos del cómputo, y las circunstancias particulares no son tomadas en consideración. Aunque estos aspectos podrían ser abordados por los factores existentes, estos regímenes también producen inquietudes dudas en cuanto a la sustancia.

75. El núcleo de las actividades generadoras de renta en las compañías de sedes sociales podría incluir actividades clave dando lugar a determinado tipo de renta de servicios recibidos por la compañía. Por ejemplo, podrían englobar actividades como la toma de decisiones relevantes en la gestión, el compromiso de gastos en nombre de las entidades del grupo, y la coordinación de las actividades del mismo.

B. Regímenes de centros de distribución y de centros de servicios

76. Los regímenes de centros de distribución ofrecen un tratamiento fiscal preferencial a entidades cuya actividad principal o exclusiva es la compra de materias primas y productos terminados a otros miembros del grupo, para revenderlos por un pequeño porcentaje de beneficio. Los regímenes de centros de servicios ofrecen un tratamiento fiscal preferencial a entidades cuya principal o exclusiva actividad consiste en suministrar servicios a otras entidades del mismo grupo. Estos regímenes suscitan inquietudes en cuanto a sus características en términos de compartimentación, y porque pueden dar lugar a una definición artificial de la base imponible. Aunque estas preocupaciones pueden ser abordadas a través de los factores existentes, los problemas relativos a la sustancia subsisten.

77. Las actividades básicas generadoras de renta en un centro de distribución o de servicios podrían incluir actividades como el transporte y el almacenamiento de bienes; la gestión de stocks y de pedidos; y, el suministro de servicios de consultoría y de administración.

C. Regímenes para compañías financieros o de leasing

78. Los regímenes financieros o de leasing son aquellos que ofrecen un tratamiento fiscal preferencial a las actividades financieras y de leasing. Las principales inquietudes que subyacen en estos regímenes incluyen, entre otros, las características de compartimentación del régimen, y la definición artificial de base imponible. De nuevo, estos problemas podrían ser abordados a través de los factores existentes.

79. Las actividades básicas generadoras de renta en una compañía que se dedica a la actividad financiera o de leasing podrían incluir el acuerdo de los términos de financiación; la identificación y adquisición de activos destinados al arrendamiento financiero (en caso de

leasing); el establecimiento de los términos y la duración de cualquier contrato de financiación o de leasing; el seguimiento y la revisión de cualquier contrato; y la gestión de riesgos.

D. Regímenes para entidades gestoras de fondos

80. Los regímenes de gestión de fondos conceden un trato fiscal preferencial a la renta obtenida por los gestores del fondo por la propia gestión de los mismos[26]. A cambio de sus servicios, el gestor del fondo recibe una compensación que se computa sobre la base de una fórmula previamente acordada. La tributación de la renta o ganancias del fondo en sí mismo o de los inversores en dicho fondo no es lo relevante aquí, sino la renta obtenida por los gestores del fondo por la gestión del mismo[27]. La remuneración del gestor del fondo y cómo y dónde se tributa pueden hacer surgir problemas de transparencia, si bien podrían en parte ser tratados con el sistema obligatorio de intercambio espontáneo de tax rulings.

81. En relación con la actividad sustancial, las actividades básicas generadores de renta para un gestor de fondos podrían incluir la toma de decisiones sobre la tenencia y la venta de inversiones; el cálculo de los riesgos y reservas; la toma de decisiones sobre las fluctuaciones de las divisas o del interés y la posición de cobertura; y, la preparación de los informes regulatorios pertinentes u otros informes para las autoridades de gobierno y los inversores.

E. Regímenes para entidades bancarias y de seguros

82. Los regímenes bancarios y de seguros ofrecen un trato fiscal preferencial a las actividades bancarias y de seguros. La principal preocupación está vinculada a los beneficios que ofrecen a la renta de actividades extranjeras. Sí los beneficios son ofrecidos exclusivamente a la renta extranjera, entonces podría lucharse a través del factor existente de delimitación o compartimentación de la actividad. Por lo que se refiere a la sustancia, el entorno regulatorio, cuando sea aplicable, debería asegurar ya que una actividad empresarial es capaz de asumir el riesgo y llevarla a cabo. No obstante, en el marco del seguro, podría ser más difícil identificar cuáles son las actividades y los regímenes que suscitan las inquietudes en materia de sustancia por la posibilidad de que el riesgo haya desaparecido, al haber sido reasegurado.

83. Las actividades básicas generadoras de renta para las entidades bancarias dependen del tipo de actividad realizada, pero podrían incluir el incremento de fondos; la gestión del riesgo, incluyendo créditos, moneda e intereses; la toma de posiciones de cobertura; la cesión de créditos, préstamos u otros servicios financieros a clientes; la gestión del capital regulatorio; y la preparación de informes regulatorios y declaraciones. Las actividades básicas generadoras de renta para las compañías de seguros podrían incluir el cálculo y la predicción del riesgo, el aseguramiento o re-aseguramiento del riesgo y el suministro de servicios a los clientes.

F. Regímenes para compañías navieras

84. Los regímenes de compañías navieras ofrecen un trato fiscal preferencial a las actividades de transporte marítimo y son diseñados tomando en cuenta consideraciones significativas de carácter no fiscal. Además, los problemas de compartimentación y de transparencia ya discutidos en la NAC (OCDE, 2004b), pueden también producir inquietudes en el análisis de la actividad sustancial, ya que se permite la separación de la renta del transporte marítimo de las actividades básicas que las genera.

85. Las actividades básicas generadoras de renta para las compañías navieras podrían incluir la gestión de la tripulación (incluyendo la contratación, el pago y la supervisión de los miembros de la tripulación); el remolque y mantenimiento de los barcos; la supervisión y el seguimiento de las entregas; la determinación de los bienes a ordenar y el plazo de entrega; y la organización y supervisión de viajes.

G. Regímenes para entidades tenedoras de valores

86. Los regímenes de compañías holding pueden ser clasificados, con una cierta amplitud, en dos categorías: (i) aquellos que ofrecen beneficios a las compañías que tienen una variedad de activos y obtienen diferentes tipos de renta (por ejemplo, intereses, rentas y cánones) y (ii) aquellos que se aplican sólo a compañías que tienen participaciones de capital y obtienen sólo dividendos y ganancias de capital. En lo que concierne a la categoría (i), en la medida en que un régimen de compañía holding ofrece beneficios a compañías que obtienen rentas distintas a los dividendos y a las ganancias de capital, el requisito de la actividad sustancial debería requerir contribuyentes elegibles que se hayan comprometido en actividades básicas asociadas con aquellos tipos de renta.

87. Las compañías holding que encajan dentro de la categoría (ii) ofrecen beneficios sólo a dividendos y ganancias de capital, y acarrean otras consideraciones de política fiscal distintas a la de otros regímenes preferenciales, que se enfocan, principalmente, en la eliminación o alivio de la doble tributación económica. Por tanto, de hecho, pueden no requerir mucha sustancia para el ejercicio de su principal actividad de tenencia y gestión de participaciones de capital. No obstante, estos regímenes hacen surgir preocupaciones que no están directamente relacionadas con la sustancia. Las objeciones de los países sobre los regímenes holding se relacionan casi siempre con la transparencia y su incapacidad de identificar al beneficiario efectivo de los dividendos. Otros problemas relacionados incluyen: si las compañías holding permiten al pagador de las rentas y a quien las recibe acogerse a los beneficios de un convenio de doble imposición internacional en circunstancias que, de otra forma, no darían lugar a invocar sus beneficios; y si los regímenes de compañías holding están compartimentados en la economía del país. Algunos de estos problemas pueden haber sido ya abordados en el marco de otros trabajos o bajo otros factores ya existentes. Por ejemplo:

- Intercambio de información – El standard internacional sobre intercambio información previo requerimiento no solo cubre el intercambio de información, sino también la disponibilidad de la información, incluyendo la información sobre la propiedad, la bancaria y la contable. Este trabajo es llevado a cabo por el Foro Global de Transparencia e Intercambio de Información a efectos fiscales. Según versión revisada, el Foro Global ha asumido los principios de la norma de la Financial Action Task Force (Grupo de Acción Financiera – GAFI) sobre la propiedad efectiva y, como resultado, los países serán evaluados acerca de su capacidad para suministrar información sobre el beneficiario efectivo cuando sea pertinente y cuando forme parte de un requerimiento para intercambiar información.
- Acción 6 para impedir la utilización abusiva de convenios fiscales – El resultado de esta acción se ha traducido en la elaboración de cláusulas convencionales y recomendaciones del Modelo de Convenio en relación con el diseño de normas internas para prevenir la concesión de beneficios de un convenio fiscal en circunstancias inapropiadas. El trabajo realizado bajo esta acción debería abordar las preocupaciones sobre el uso de compañías holding que reciben los beneficios de un convenio fiscal.

- Acción 2 para neutralizar los efectos de los mecanismos híbridos – Esta acción exige el desarrollo de cláusulas y recomendaciones del Modelo de Convenio en relación con el diseño de normas internas para neutralizar los efectos de instrumentos y entidades híbridas. El trabajo realizado bajo esta acción ha conducido a la recomendación de denegar la exención del dividendo y otros tipos de alivio fiscal concedidos en los supuestos de doble imposición económica sobre pagos deducibles. Esta recomendación podría igualmente responder a las cuestiones suscitadas en relación con la posible no imposición de la renta bajo la forma de dividendos.
- Compartimentación – Si los países están preocupados porque a las compañías holding de capital se les ofrecen beneficios a la renta procedente solo de compañías extranjeras; y que esta renta no resulta sometida a gravamen en ningún lugar; o porque el régimen va dirigido solo a los inversores extranjeros, pues bien, esta preocupación ya es abordada en la actualidad bajo el factor existente de la compartimentación[28].
- Otros trabajos – Como el trabajo actualmente llevándose a cabo por la Acción 3 del Plan de Acción BEPS para reforzar las normas de transparencia fiscal internacional (CFC).

88. Una vez que estas otras consideraciones de política han sido abordadas, la utilización de estos regímenes con el fin de erosionar la base imponible y el traslado de beneficios no debería ser más una gran preocupación. Por tanto, en la medida en que los regímenes de compañías holding ofrecen beneficios sólo a las compañías holding de capital, el factor de la actividad sustancial requiere, como mínimo, que las compañías que reciben beneficios de dichos regímenes respeten todos los requisitos aplicables derivados del Derecho mercantil y tengan la sustancia necesaria para comprometerse en la tenencia y gestión de participaciones de capital (por ejemplo, demostrando que tienen tanto personas como instalaciones necesarias para estas actividades). Esto impide la posibilidad de que compañías buzón y sociedades meramente instrumentales puedan beneficiarse de los regímenes de las compañías tenedoras de valores o holding.

Notas

1. Véase Plan de Acción BEPS, p. 17. Consúltese también el Capítulo I más arriba.
2. Los detalles sobre el acuerdo se encuentran en www.oecd.org/ctp/beps-action-5-agreement-on-modified-nexus-approach-for-ip-regimes.pdf.
3. Por ejemplo, las compañías A, B y C desarrollan conjuntamente un activo de PI D en el año 1. La compañía A está en una jurisdicción con un régimen PI. La compañía A contribuye al 30 % de los gastos de las actividades I+D y a 3 000 al Fondo de I+D, la compañía B contribuye al 30% de los gastos de las actividades I+D y a 3 000 al Fondo de I+D, y la Compañía C contribuye al 40% de los gastos de las actividades I+D y a 4 000 del Fondo I+D. En el año 2, el activo de PI, D, genera 100 000 de renta derivada de la PI y 30 000 de esta renta PI se atribuye a la Compañía A. Si la compañía A no pagó nada ni por la externalización a una parte vinculada ni tampoco adquirió ningún activo PI, la ratio del nexo que se aplicaría a esos 30 000 antes de la elevación es 3 000/ 3 000 (o 100 %). Por tanto, la totalidad de los 30 000 estarían cualificados para el régimen de PI en la jurisdicción A.

4. Las jurisdicciones con regímenes PI deben asegurar que el mismo activo PI no se atribuye a ambos, es decir, tanto a la casa central, como al EP extranjero (por ejemplo, porque aplican el enfoque autorizado de la OCDE (EAO).

5. Para este objetivo, la protección legal incluye el derecho exclusivo de uso del activo de PI, recursos legales frente al incumplimiento, normativa sobre secreto industrial y comercial, protección contractual y penal contra el uso de un activo PI o revelación no autorizada de información relacionada con el activo de PI.

6. Aunque algunas jurisdicciones suministran protección de patentes para el software, no todas las jurisdicciones lo hacen así. Por tanto, muchos contribuyentes que producen software deben registrarlo en lugar de confiar en la protección de las patentes. Al incluir el software registrado en la definición de los activos que funcionalmente son equivalentes a la PI se asegura también que el distinto trato del software, según la normativa sobre patentes de los distintos países, no afecta a si la renta derivada del software pudiera beneficiarse de los regímenes PI.

7. Para determinar si un contribuyente cumple con estos dos requisitos debe analizarse anualmente, usando la media de los últimos cinco años que cambia que cada año. La referencia a los 50 Millones de euros de la facturación del grupo no significa que estos requisitos solo se aplican a grupos. Las entidades singulares que quieren ser elegibles a efectos de estos incentivos fiscales de la tercera categoría de activos PI deben también cumplir con estas dos condiciones.

8. La información sobre el uso de la tercera categoría de los activos PI sería incluida en el apartado 7, de la plantilla establecida en el Anexo C.

9. Los regímenes PI que deben ser evaluados según el enfoque del nexo incluyen aquellos que ofrecen beneficios a *cualquier* activo PI. Los regímenes que conceden beneficios a los activos PI que no son activos PI elegibles a los efectos del enfoque del nexo se considerarán que no reúnen el requisito de la actividad sustancial.

10. Por tanto, los gastos elegibles podrían incluir sueldos y salarios, costes directos, gastos generales directamente relacionados con las instalaciones de I+D y coste de suministros siempre que todos estos costes surjan de las actividades realizadas para avanzar en el conocimientos de las relaciones científicas o tecnológicas, abordar conocidos obstáculos científicos o tecnológicos, o bien incrementar el conocimiento o desarrollo de nuevas aplicaciones.

11. Los costes de construcción u otros costes de capital no separable no estarán incluidos porque sería imposible establecer un vínculo directo entre el coste del edificio entero y los diferentes activos de PI creados en el mismo.

12. Véase apartado II.F y II.G de este Capítulo para una explicación del porqué los gastos para partes vinculadas de costes de adquisición y de externalización están incluidos en los gastos totales y no en los gastos elegibles.

13. Véase Apartado II.E, más abajo.

14. Los gastos PI serán calculados aplicando la normativa tributaria interna (i.e. no usando las cláusulas específicas de los regímenes PI). Las jurisdicciones pueden limitar los gastos atribuibles a la renta PI para asegurar que el uso de dichos gastos es congruente con la normativa interna. Los países deberían también usar cualquier perdida fiscal asociada con la renta PI de forma congruente con la normativa interna, sin permitir el desvío de aquellas pérdidas aplicándose a la renta que se grava al tipo de gravamen ordinario.

15. Dicho método necesitaría estar fundamentado en los principios de precios de transferencia, actualizados de acuerdo con el Trabajo de las Acciones 8-10.

16. Los países que no son Estados miembros de la Unión Europea podrían modificar esta limitación para incluir en la definición todos los gastos elegibles para actividades realizadas tanto por partes no vinculadas, como por partes vinculadas residentes.

17. La externalización es diferente de la compra de componentes a una parte que posee la PI de esos componentes, y esta referencia a la probabilidad de la externalización a las partes no vinculadas no se refiere a la probabilidad de comprar componentes de partes no vinculadas.

18. Los países con regímenes PI necesitan asegurar que los contribuyentes no son capaces de evitar este tratamiento de los costes de adquisición a través de la compra de entidades que poseen activos PI.

19. Los países que no son Estados Miembros de la Unión Europea podrían modificar esta limitación de modo que la adquisición por un contribuyente que incurrió en gastos elegibles en la jurisdicción que ofrece el régimen PI permitió que dichos gastos fueran incluidos en los gastos elegibles del adquirente (siempre que se incluyeran los costes de adquisición en los gastos totales, o bien incluyendo todos los gastos totales de quien transfiere en los gastos totales del adquirente, cuando quien venda se hubiera ocupado del seguimiento y comprobación de los gastos para asegurar así que todos ellos están incluidos).

20. Las áreas terapéuticas incluyen clases de enfermedades, como las cardiológicas, las oncológicas o las respiratorias.

En ciertas industrias que producen servicios u otro tipo de resultados, o en el caso de familias de productos se podrían incluir equivalentes funcionales en la medida en que estos agrupamientos incluyan solo activos PI que surjan de gastos solapados y que hayan contribuido a las fuentes coincidentes de renta.

21. Los contribuyentes en países que tratan la ratio del nexo como una presunción iuris tantum tendrían que elegir entre la elevación y la presunción iuris tantum. En otras palabras, los contribuyentes no podrían probar en contrario la ratio del nexo y beneficiarse de la elevación del 30% al mismo tiempo. Los contribuyentes deben elegir entre la elevación y la presunción iuris tantum de la ratio del nexo sobre la base del activo PI, producto, o familia de productos, y no podrían elegir basándose en un agrupamiento más delimitado o estrecho que el usado para su seguimiento y trazabilidad.

22. Cualquier otra información adicional podría ser requerida según los instrumentos aplicables de intercambio de información.

23. Estos regímenes incluyen (i) regímenes de compañías holding, (ii) los regímenes de la sede central o headquarters, (iii) Los regímenes de los centros de distribución, (iv) los regímenes de los centros de servicios, (v) Los regímenes de servicios financieros y de leasing, (vi) los regímenes de gestión de fondos, (vii) los regímenes bancarios, (viii) los regímenes de seguros, y (ix) los regímenes de compañías navieras.

24. Los contribuyentes elegibles tendrían la misma definición que la establecida en el marco de los regímenes PI. Véase más arriba parágrafo 40. Esta definición incluye compañías residentes, EPs domésticos de compañías extranjeras, y EPs extranjeros de compañías residentes que están sujetos a gravamen en la jurisdicción que ofrece los beneficios fiscales.

25. Véase parágrafo 6 del Informe de 1998.

26. Un gestor de fondos es una persona legal o natural que suministra servicios de gestión, incluyendo la toma de decisiones sobre inversiones, para un fondo de inversión o sus inversores.

27. CAN, parágrafo 261. El trabajo del FPFP se centra sobre la gestión del fondo y no sobre la tributación del fondo en sí misma.

28. De acuerdo al parágrafo núm. 65 de la NAC, el factor de compartimentación no está implicado con las medidas diseñadas a eliminar o mitigar la doble tributación, pero "debe tener algunas características para asegurar que sólo se aplica cuando la doble tributación pueda surgir". En el contexto de los regímenes de compañías holding, el parágrafo 244 añade que "el régimen de compañías holdings debe, por tanto, suministrar para la operación de las medidas efectivas para alcanzar este objetivo. Dichas medidas pueden incluir, por ejemplo, cláusulas de sujeción a gravamen, legislación sobre transparencia fiscal internacional o reglas similares que se aplican

al tiempo de la distribución de los dividendos o de la disposición de las acciones, el uso de métodos de exención en el contexto de los convenios fiscales siguiendo el Modelo de Convenio de la OCDE, o el uso de medidas anti abuso.

Bibliografía

OCDE (2015), *Acción 5: Acuerdo sobre el enfoque del nexo modificado para regímenes PI,* Ediciones OCDE, París, www.oecd.org/ctp/beps-action-5-agreement-on-modified-nexus-approach-for-ip-regimes.pdf.

OCDE (2014); *Combatir las prácticas fiscales perniciosas, teniendo en cuenta la transparencia y la sustancia*, Ediciones OCDE, París, http://dx.doi.org/10.1787/9789264218970-en.

OCDE (2013); *Plan de acción contra la erosión de la base imponible y el traslado de beneficios*, Ediciones OCDE, París, http://dx.doi.org/10.1787/9789264207813-es.

OCDE (2004a), *Prácticas fiscales nocivas: El Informe de Progreso de 2004.* Ediciones OCDE, París. www.oecd.org/ctp/harmful/30901115.pdf.

OCDE (2004b), *Nota de aplicación consolidada: Guía para la aplicación del Informe de 1998 a los regímenes fiscales preferenciales*, Ediciones OCDE, París, www.oecd.org/ctp/harmful/30901132.pdf.

OCDE (1998), *Competencia fiscal nociva: un tema global*, Ediciones OCDE, París, http://dx.doi.org/10.1787/9789264162945-en.

Capítulo 5

La modernización del trabajo sobre prácticas fiscales perniciosas: Marco para la mejora de la transparencia con relación a los acuerdos específicos con un contribuyente

I. Introducción

89. La segunda prioridad según la Acción 5 para la modernización del trabajo sobre prácticas fiscales lesivas es mejorar la transparencia, incluyendo el intercambio obligatorio de ciertos acuerdos específicos con un contribuyente. Este trabajo contribuye al tercer pilar del proyecto BEPS, el cual tiene como objetivo asegurar la transparencia, al mismo tiempo que se promueve un incremento de la seguridad y de la predictibilidad.

90. El FPFP decidió avanzar el trabajo sobre la mejora de la transparencia en tres fases:

a. La primera fase se centró en el desarrollo de un marco para un sistema obligatorio de intercambio de información espontáneo respecto de los acuerdos relativos a los regímenes preferenciales. Este marco fue establecido en el Informe de Progreso del FPFP del año 2014 (OCDE, 2014a) y ha sido modificado, y ahora sustituido, por la guía que contiene el presente Informe. El Informe de Progreso de 2014 enunciaba claramente que el marco sería dinámico y flexible y que se llevarían a cabo otros trabajos adicionales.

b. En la segunda fase de ese trabajo, el FPFP se ha preguntado si la transparencia puede ser objeto de mejoras y ha estudiado los regímenes en los estados miembros y asociados. Estos trabajos, que incluyen un cuestionario cumplimentado por los países miembros y asociados sobre las prácticas existentes en materia de acuerdos específicos con un contribuyente, han contribuido al desarrollo ulterior del sistema obligatorio de un intercambio de información espontáneo. El cuestionario ha permitido llegar a la conclusión de que la condición de efectuar un sistema obligatorio de intercambio de información espontáneo debería cubrir generalmente todas la aquellas situaciones en las cuales la falta de intercambio de un acuerdo podría dar lugar a un riesgo en materia de BEPS. Este enfoque está construido sobre el hecho de que la Acción 5 no está limitada al intercambio de acuerdos sobre regímenes preferenciales, sino que permite igualmente una mayor transparencia. En este contexto, el FPFP se centra en situaciones específicas en las que la ausencia del intercambio de acuerdos específicos con un contribuyente puede dar lugar a un incremento en el riesgo de BEPS, más que sugerir que en todos los casos en los que se intercambia un acuerdo opere un régimen preferencial. Esto también refleja que una disciplina adecuada en materia de transparencia debe poderse entender desde un enfoque global. Por ejemplo, no hay ninguna prueba según la cual un programa unilateral de acuerdos previos de valoración (APAs) sea por sí mismo un régimen preferencial. No obstante, un régimen preferencial, especialmente uno de naturaleza administrativa, puede ser operado, en todo o en parte, por un APA o por una consulta tributaria vinculante (ATR). En dichos casos, sólo una vez que la información sobre el acuerdo sea intercambiada, puede ser tomada una decisión totalmente fundamentada y con conocimiento de causa. Más que comprometerse en un ejercicio de diseño de límites que habría sido muy complicado en la práctica y habría puesto a la Administración tributaria que lo emite, en la difícil tarea de tener que determinar qué naturaleza tiene su propio régimen, el FPFP optó por la simplicidad y claridad. Al realizar esto, el FPFP también indicó que según la Acción 13 sobre la documentación de precios de transferencia, los APAs y las ATRs tienen que estar incluidos en el Master File y en Local File. El FPFP estimó que el intercambio espontáneo de información sobre dichos APAs y ATRs entre Administraciones tributarias ofrecerían un test doble cruzado muy útil con la información aportada por el contribuyente.

c. En una tercera fase, el FPFP desarrolló un entorno de mejores prácticas generales para el diseño y operatividad de los regímenes de acuerdos fiscales específicos con un contribuyente.

91. Combinando la primera y la segunda fases descritas más arriba, este Capítulo establece el marco acordado por la OCDE para el sistema obligatorio de intercambio de información espontáneo respecto de los acuerdos específicos con un contribuyente. Esto incluye seis categorías de acuerdos específicos de contribuyentes en los cuales en ausencia de intercambio de información obligatorio podría dar lugar a riesgos de BEPS. Estas seis categorías son: (i) Acuerdos relativos a regímenes preferenciales; (ii) APAs unilaterales u otros acuerdos transfronterizos unilaterales relativos a los precios de transferencia; (iii) acuerdos transfronterizos que ofrecen un ajuste a la baja de beneficios gravables; (iv) acuerdos relativos a establecimientos permanentes; (v) acuerdos relacionados con compañías canalizadoras de rentas, tipo *conduit*; y (vi) cualquier otro tipo de acuerdo acordado por el FPFP que en ausencia de un intercambio de información espontáneo diera lugar a riesgos de BEPS. Esto no significa que dichos acuerdos o procedimientos legales o administrativos, bajo los cuales se conceden, representan regímenes preferenciales. Al contrario, refleja las preocupaciones de los países en casos en que una falta de transparencia puede dar lugar a BEPS, en supuestos en los que los países no tienen el conocimiento o la información necesaria sobre el tratamiento fiscal de los contribuyentes en un país determinado o cuando el tratamiento fiscal afecta a las transacciones o acuerdos tomados con un contribuyente vinculado residente en sus países. La disponibilidad de la información en tiempo y forma y que sea exactamente la que se requiere, contenida en una plantilla, analizada más abajo en el Apartado V de este capítulo y en el Anexo C, es esencial para capacitar a las Administraciones tributarias para identificar rápidamente las áreas de riesgo.

92. El marco fue diseñado con el objetivo de encontrar el equilibrio entre asegurar que la información intercambiada es pertinente para otras Administraciones tributarias y que no se impone una carga administrativa innecesaria ni sobre el país que intercambia la información, ni sobre el país que la recibe. El marco se construyó sobre la guía contenida en el NAC (OCDE, 2004) y también toma en consideración el Convenio sobre Asistencia Administrativa Mutua en Materia Fiscal (CAM, OCDE, 2008)[1] y la Directiva del Consejo de la Unión Europea 2011/16/UE de 15 de febrero de 2011 sobre cooperación administrativa en el campo de la tributación (incluyendo su trabajo sobre intercambio de información espontánea en el marco de los precios de transferencia y de los acuerdos transfronterizos). Estas fuentes tienen el objetivo común de fomentar el intercambio información espontáneo en condiciones en las que se asume que la información obtenida por un país será de interés para el otro.

93. Como es sabido, es ampliamente reconocido que los acuerdos específicos son un mecanismo útil tanto para las Administraciones tributarias como para los contribuyentes, ofreciendo seguridad y predictibilidad y, por tanto, evitando incluso la aparición de conflictos fiscales. Sin embargo, las preocupaciones sobre su transparencia no son algo nuevo, así los regímenes sobre *tax rulings* han sido un área de análisis central desde el inicio del trabajo de la OCDE sobre prácticas fiscales lesivas. La NAC incluye directrices detalladas sobre transparencia. Como indican el Informe de 1998 (OCDE, 1998) y la NAC, la cuestión de la transparencia es a menudo importante a la vista de los acuerdos para los que se puede requerir una declaración espontánea, lo que incluye APAs unilaterales y las prácticas administrativas de manera más general. Los regímenes de los acuerdos con un contribuyente específico pueden ser también usados para atraer capital móvil de carácter internacional a una jurisdicción y tienen el potencial de hacerlo de una forma que contribuya o constituya una práctica fiscal lesiva.

94. Este Capítulo trata de los siguientes aspectos: (i) qué acuerdos están comprendidos; (ii) qué información de los países necesita ser intercambiada; (iii) la aplicación del marco a este tipo de acuerdos precedentes y futuros; (iv) información sujeta a intercambio; (v) aspectos de ejecución práctica; (vi) enfoque recíproco para intercambiar información; (vii) confidencialidad de la información intercambiada; y (viii) recomendaciones sobre mejores prácticas en relación con los acuerdos específicos con un contribuyente.

II. Acuerdos comprendidos en el marco de intercambio espontáneo

A. Definición de acuerdo para un contribuyente específico (Tax Ruling)

95. Los acuerdos para un contribuyente específico son "cualquier consejo, información o compromiso suministrado por una autoridad fiscal a un contribuyente específico o grupo de contribuyentes en lo que se refiere a sus situaciones fiscales y sobre el cual está autorizado a basar su conducta"[2].

96. El contribuyente está en su derecho a basar su actuación en los términos de un acuerdo, aunque está normalmente supeditado a la condición de que los hechos sobre los cuales el *tax ruling* se basa hayan sido presentados con total precisión y que el contribuyente haya cumplido los términos del mismo. Esta definición, que es amplia, incluye tanto los acuerdos generales, como los acuerdos específicos con un contribuyente. No obstante, el marco para un sistema obligatorio de intercambio de información espontáneo solo se aplica a los acuerdos específicos para un contribuyente.

97. *Los acuerdos tributarios específicos para un contribuyente* se aplican a un contribuyente en particular cuando esté autorizado a basar su conducta en ellos. Dicho acuerdo puede ser otorgado con antelación a la operación o transacción (esto incluye consultas tributarias vinculantes o liquidaciones y APAs) y, con posterioridad a dicha transacción u operación, en cada caso, en respuesta a un acuerdo solicitado por el contribuyente. La definición de acuerdo para un contribuyente específico, por tanto, excluye, por ejemplo, cualquier declaración o acuerdo alcanzado como resultado de una inspección efectuada después de que el contribuyente haya presentado su declaración de la renta o su contabilidad. Ahora bien, no se excluyen los acuerdos sobre el tratamiento de los beneficios futuros, recaídos como resultado de una inspección, si aquéllos tienen encaje en cualquiera de las categorías establecidas en este informe.

98. Las *consultas tributarias vinculantes* son acuerdos específicos para un contribuyente individual y ofrecen la determinación de las consecuencias fiscales de una operación o transacción propuesta sobre la que el contribuyente particular está autorizado a basar su

conducta. Las consultas tributarias pueden venir dadas en una gran variedad de formas, y pueden incluir acuerdos o autorizaciones en el curso de un procedimiento o de una práctica administrativa, incluyendo los otorgados informalmente. Con frecuencia determinan si una ley o una práctica administrativa será aplicable a una transacción propuesta y cómo se aplicará, todo ello bajo la forma de consulta de un contribuyente en particular. Dichos acuerdos pueden también proveer una determinación y la forma de la aplicación de un acuerdo general a los hechos y circunstancias de un contribuyente en particular. Generalmente, el contribuyente concernido realizará una solicitud para una consulta antes de llevar a cabo la operación para la que se solicita, aunque algunos regímenes ofrecen indicaciones a los contribuyentes con posterioridad a la transacción y esos acuerdos posteriores también estarán cubiertos. El acuerdo ofrecerá una determinación de las consecuencias fiscales de la transacción en la que el contribuyente está autorizado a basar su conducta, asumiendo que los hechos son tal y como se describieron en el momento de la formulación de la consulta tributaria. Dichos acuerdos están realizados a la medida del contribuyente que resulta afectado, ya que toman en consideración la situación fáctica del contribuyente y, por eso, no son directamente aplicables a otros contribuyentes (aunque cuando se publican en forma anónima o expurgada, dichos acuerdos pueden ofrecer guía a contribuyentes con similares hechos y circunstancias)[3]. Esta categoría de acuerdos podría incluir, por ejemplo, los relativos a precios de transferencia que no encajan en la categoría de los acuerdos previos de valoración. También podría incluir una visión o determinación del futuro tratamiento fiscal del contribuyente sobre los cuales están autorizados a basar su conducta.

99. *Los acuerdos previos de valoración* están definidos en las Directrices de la OCDE de Precios de Transferencia para Empresas Multinacionales y Administraciones Fiscales (Directrices sobre PT, OCDE, 2010) como “un acuerdo que determina, con antelación de las transacciones controladas, un conjunto apropiado de criterios… para la determinación de los precios de transferencia para aquellas transacciones realizadas a lo largo de un periodo fijo de tiempo”[4]. Ofrecen a los contribuyentes certeza en cuanto a la aplicación de las reglas de precios de transferencia a futuras transacciones dentro del ámbito del APA. Normalmente, se llevan a cabo por la determinación de un conjunto adecuado de criterios (por ejemplo, el método, los comparables y los ajustes apropiados a ellas y presunciones críticas respecto a sucesos futuros) para la determinación del precio de transferencia[5].

100. Las Directrices de Precios de Transferencia distinguen los APAs de otros procedimientos de acuerdos, como, por ejemplo, las consultas tributarias vinculantes, de la siguiente manera:

> El APA difiere del procedimiento clásico de los acuerdos, en que requiere un examen detallado y si es preciso, una comprobación de los presupuestos de hecho en los cuales se funda la determinación de las consecuencias legales, antes de que dicha determinación pueda tener lugar. Además, los APAs ofrecen un seguimiento continuo para constatar que las asunciones de hecho siguen siendo válidas a lo largo del tiempo de la validez del APA[6].

101. Los APAs puede ser unilaterales, bilaterales o multilaterales. Los APAs bilaterales y multilaterales son firmados entre dos o más autoridades fiscales, según el procedimiento previsto para los acuerdos amistosos de los convenios fiscales aplicables. Normalmente, las empresas vinculadas que solicitan un APA suministran la documentación a las autoridades fiscales relativas a la industria, mercados y países a ser contemplados por el acuerdo, junto con los detalles de la metodología propuesta, junto con cualquier transacción que pueda servir como comparable, y un análisis funcional de la contribución de cada una de las empresas intervinientes. Dado que los APAs regulan la metodología para la determinación

de los precios de transferencia para futuros años, necesitan asunciones y predicciones sobre hechos futuros.

102. *Los acuerdos generales* se aplican a grupos o categorías de contribuyentes o de actividades, y no a un contribuyente específico. Ofrecen habitualmente indicaciones sobre la posición de la autoridad fiscal sobre dichos asuntos o sobre la interpretación de la norma o la práctica administrativa[7] y sus aplicaciones a contribuyentes con carácter general, o a un grupo específico de contribuyentes o actividades en particular. Las indicaciones normalmente se aplican a todos los contribuyentes que ejercen actividades o llevan a cabo transacciones que caen dentro del ámbito de un acuerdo. Dichos acuerdos son a menudo publicados y pueden ser aplicados por los contribuyentes en las actividades y transacciones pertinentes sin necesidad de hacer una solicitud de un acuerdo específico. El marco de este trabajo no se aplica a los acuerdos generales, aunque sí se aplican las mejores prácticas.

B. Los acuerdos con un contribuyente específico relacionados con regímenes fiscales preferenciales

103. El FPFP acordó el marco, descrito en el Informe de Progreso de 2014 del FPFP, relativo al intercambio de información obligatorio de acuerdos referidos a regímenes preferenciales. Se utiliza un enfoque en función de criterios para este tipo de acuerdos, de suerte que hay una obligación de intercambiar información espontáneamente a la vista de los acuerdos de carácter transfronterizo con un contribuyente específico relativos a los regímenes que: (i) estén dentro del ámbito de trabajo del FPFP; (ii) sean preferenciales; y (iii) reúnan el criterio de un tipo de gravamen efectivo cero o muy bajo[8]. Cuando los acuerdos otorgados se refieran a este tipo de regímenes, estarán sometidos a la obligación de intercambiar información espontáneamente.

104. La obligación de intercambiar espontáneamente surge para los acuerdos relacionados con *cualquier tipo* de régimen preferencial. Es decir, un régimen no necesita haber sido revisado o que haya sido identificado como potencial o realmente lesivo según el significado del Informe de 1998 para que surja la obligación. Por tanto, la obligación se aplicará también a cualquier acuerdo (tal y como ya se ha definido) en conexión con los regímenes preferenciales que no hayan sido todavía revisados o que habiendo sido ya revisados, no han sido identificados como potencial o realmente lesivos y que hayan sido, por tanto, considerados compatibles.

105. Los países que tengan regímenes preferenciales que todavía no hayan sido revisados por el FPFP deberán autoevaluarse y tendrán que pronunciarse sobre si se satisfacen los criterios establecidos. Si este es el caso, la obligación de intercambiar información espontáneamente surge inmediatamente, y así ocurrirá en tanto que el FPFP no haya revisado formalmente el régimen en cuestión. En caso de duda en cuanto a la aplicación de los criterios, se recomienda que el país correspondiente intercambie información espontáneamente. Lo que se espera es que un país que tiene un régimen preferencial el cual todavía no ha sido revisado por el FPFP traslade el régimen para su revisión por el FPFP. Los regímenes que han sido revisados por el FPFP, siendo considerados compatibles y cumplidores con los primeros tres criterios serán añadidos a una recopilación, actualizable periódicamente por el FPFP.

106. Como el marco en la actualidad incluye seis categorías de acuerdos, alguno de los procedimientos que fueron incluidos en el Informe de Progreso del FPFP de 2014 han sido modificados y simplificados, siendo este Informe el que sustituye al citado Informe de Progreso de 2014.

C. Acuerdos previos sobre valoración de precios de transferencia (APAs) de carácter unilateral transfronterizo u otros acuerdos fiscales unilaterales en el mismo ámbito.

107. Los APAs unilaterales son APAs establecidos entre la Administración tributaria de un país y un contribuyente en su país de residencia.

108. "Otros acuerdos tributarios, unilaterales y transfronterizos que contemplen los precios de transferencia o la aplicación de sus principios" comprenden, por ejemplo, las consultas tributarias vinculantes sobre aspectos de los precios de transferencia que no encajan en un APA, por ejemplo, porque el acuerdo está limitado a abordar cuestiones de naturaleza legal basadas en hechos presentados por el contribuyente (a diferencia de un APA que generalmente abarca cuestiones fácticas), o porque el acuerdo es vinculante sólo para una transacción, en particular (al contrario que el APA, que normalmente cubre muchas transacciones, distintos tipos de operaciones sobre una misma base o todas las compraventas internacionales de un contribuyente para un periodo determinado de tiempo).

109. Los APAs unilaterales y otros acuerdos tributarios unilaterales están en el ámbito de los acuerdos comprendidos, no porque sean preferenciales, sino porque en ausencia de transparencia, pueden crear distorsiones y generar inquietudes de BEPS, impactando directa o indirectamente sobre la posición fiscal en otro país. En algunos países, los APAs unilaterales pueden ajustar los beneficios tanto al alza como a la baja desde una posición de inicio. Además, los APAs unilaterales pueden establecer una metodología futura en materia de precios de transferencia, o una estructura futura de reparto de costes o de asignación de beneficios. Si las condiciones de dichos acuerdos no son accesibles para las Administraciones tributarias en relación con los contribuyentes concernidos, se producen asimetrías en la manera en el que los dos extremos de una transacción son valorados y gravados, con el resultado de que los beneficios se vean no sometidos a gravamen, resultando la correspondiente preocupación por la erosión de bases imponibles o por el traslado de beneficios.

110. Hay una interacción entre la obligación de intercambiar espontáneamente en esta categoría de acuerdos y los deberes de documentación de los precios de transferencia, según la Acción 13. En particular, el master file contendrá una lista y una breve descripción de los APAs unilaterales existentes del grupo MNE y de otros acuerdos tributarios relativos a la atribución de renta entre países. El local file contendrá una copia de los APAs unilaterales existentes y de los bilaterales/multilaterales y de otros acuerdos tributarios en los que la jurisdicción local no sea parte y estén relacionados con transacciones vinculadas, pertinentes y reales.

111. No obstante, la obligación de intercambiar información espontáneamente de APAs unilaterales y otros acuerdos relativos a precios de transferencia podría potencialmente cubrir un rango más amplio de acuerdos de precios de transferencia que aquellos que se recogen en el local file y en el master file. Por ejemplo, solo los acuerdos relacionados con transacciones vinculadas, pertinentes y reales serán incluidas en el local file, lo que crea un límite más alto que el requerido según la Acción 5. Asimismo, cierta información en el local file puede estar sujeta a límites establecidos por cada país en relación con el objeto material a incluir, implicando que determinados contribuyentes no estarán obligados a mantener un local file.

112. Por último, estos dos conjuntos de obligaciones se refuerzan mutuamente, permitiendo a las Administraciones tributarias verificar un control cruzado de la información entre la suministrada por los contribuyentes y la información intercambiada con otra Administración tributaria y viceversa. Este requisito doble podría ayudar a las Administraciones tributarias

a identificar los casos sobre los que quieran formular una solicitud para un intercambio de información adicional con cualquier otra autoridad fiscal.

D. Acuerdos concediendo un ajuste unilateral a la baja de los beneficios que no están reflejados en las cuentas financieras/comerciales del contribuyente.

113. Esto comprende, por ejemplo, el capital informal o los acuerdos de tipo similar, en la medida en que no estén cubiertos ya por el Apartado II.C incluido más arriba. El NAC específicamente se refiere a las consultas tributarias vinculantes o a los APAs unilaterales, que ofrecen un ajuste a la baja de los beneficios que no se refleja en las estados financieros de la compañía, como ejemplos que podrían implicar una falta de transparencia mientras que la autoridad fiscal no notifique a las otras autoridades fiscales de la existencia de un acuerdo. Además, el Informe de 2000 (OCDE, 2001) reconoció que los regímenes que permiten ajustes negativos de beneficios podrían ser regímenes preferenciales[9].

114. Un régimen que ofrece ajustes negativos para los beneficios tiene el potencial de que resulte una no tributación o una baja tributación por lo que las MNEs tienen el incentivo de trasladar beneficios. Este incentivo existe cuando el ajuste a la baja es previsible, por ejemplo, cuando es una parte del acuerdo en cuestión u otra práctica administrativa. En dichos casos, el intercambio de información efectivo es particularmente importante en orden a dar a otros países la oportunidad de aplicar sus normas de precios de transferencia. En muchos casos el país afectado no será capaz de determinar que dicho ajuste ha sido realizado porque, por ejemplo, se ha efectuado a través de un cómputo fiscal interno, sin estar reflejado en las cuentas de la empresa o bien porque se realiza retrospectivamente[10].

115. Los acuerdos sobre beneficios excedentarios, capital informal y otros acuerdos similares reconocen la contribución del capital o de un activo, generalmente por la compañía matriz u otra parte vinculada, y ofrece un ajuste que reduce los beneficios gravables, por ejemplo, a través de la deducción de un interés presunto en el caso de un préstamo sin intereses. Un ejemplo de esto sería cuando el precio pagado por una filial a su compañía matriz es declarado ser más bajo que el precio que se darían partes independientes, habiéndose realizado intencionalmente a favor de la filial. En dichas circunstancias, un país puede realizar un ajuste a la baja de los beneficios gravables de la filial para reflejar el precio que habría pagado de haber sido realizada la transacción a precios de mercado. El ajuste a la baja reflejará la diferencia entre el precio real pagado y el precio de mercado de modo que en el cómputo fiscal de la compañía (pero no en las cuentas financieras/contables), la diferencia será tratada como hubiera sido pagada por la filial a su matriz. Esto creará una reducción fiscal y reducirá el tipo de gravamen efectivo de la filial, pero será poco probable que haya una tributación adicional como correspondería en la jurisdicción de la compañía matriz a menos de que sea conocedora del ajuste y de su cuantía. Además, ha sido convenido que los países que disponen de un régimen en materia de contribución de capital informal o un régimen de beneficios excedentarios pueden conducir a ajustes a la baja, que no requieren de los contribuyentes la obtención de un acuerdo para beneficiarse de este régimen, por lo que deben asegurarse que sus Administraciones tributarias estén pendientes de todos los casos en los que el régimen haya sido utilizado. La información en estos casos será suministrada también a otras autoridades fiscales interesadas.

116. Esta categoría de acuerdos no está prevista para tratar los ajustes a la baja realizados tras una inspección de los archivos de contabilidad y declaraciones cuando no haya un acuerdo separado y tampoco un método de eliminación de la doble imposición unilateral por elementos, como los créditos fiscales extranjeros.

E. Acuerdos relativos a Establecimientos Permanentes (EP), i.e. acuerdos concernientes a la existencia o ausencia de, y/o la atribución de beneficios a, un establecimiento permanente en el país que emite el acuerdo.

117. En la medida en que no estén comprendidos por el Apartado II.C de más arriba, esta categoría se aplica a los acuerdos que explícitamente determinen o decidan sobre la existencia o ausencia de un EP (tanto dentro, como fuera del país que emite el acuerdo) o cualquier acuerdo para un contribuyente específico que suministra información sobre el volumen de beneficio que será atribuido a un EP.

F. Acuerdos en materia de sociedades "canalizadoras de rentas" (Tipo Conduit)

118. En la medida en que no estén cubiertos por el Apartado II.C de más arriba, se incluyen los acuerdos o mecanismos que comprendan flujos transnacionales de fondos o de rentas a través de una entidad en el país que emite el acuerdo, tanto si dichos fondos o renta son transferidos a un país de forma directa como si lo son indirectamente (por ejemplo, a través de otra entidad interna primero).

119. Los instrumentos conductores indirectos incluyen, por ejemplo, los mecanismos en los que una entidad del grupo, subordinada en un nivel inferior, recibe pagos de renta transfronteriza (por ejemplo, el pago de intereses de un préstamo) de compañías operativas subyacentes, la cual paga entonces a una entidad doméstica de nivel superior como pago de intereses derivado de un préstamo, dejando un margen gravable pequeño en la entidad de nivel inferior. La entidad de importancia superior es tratada como una entidad fiscalmente transparente, según las normas internas y solo tiene socios no residentes, lo que le permite evitar la imposición. Este mecanismo ofrece una deducción del interés en la compañía operativa subyacente sin contrapartida correspondiente en materia de renta en las entidades internas (salvo el pequeño margen) o en manos de los socios no residentes.

G. Cualquier otro tipo de acuerdo que en ausencia de intercambio espontáneo de información diera lugar a prácticas elusivas con riesgo de BEPS.

120. Bajo reserva de lo que se acuerde por el FPFP en una fecha posterior, esta categoría podría ser utilizada para cualquier otro tipo de acuerdo específico con un contribuyente que, en ausencia de un sistema obligatorio de intercambio de información espontáneo, diera lugar a prácticas elusivas con riesgo de BEPS. Este lenguaje pretende dar al FPFP la flexibilidad necesaria para que en el futuro pueda ampliar la obligación para intercambiar espontáneamente categorías adicionales de acuerdos. Por tanto, se aplicaría cuando el FPFP acordase que otros acuerdos también podrían dar lugar a riesgos similares a los de los acuerdos ya incluidos dentro del marco y, por consiguiente, deberían ser añadidos.

III. La jurisdicción que recibe la información

121. Como regla general, el intercambio de información sobre acuerdos específicos con un contribuyente de cualquiera de las seis categorías analizadas tendrá lugar con:

a. Los países de residencia de todas las partes vinculadas con quienes el contribuyente celebre una transacción para la que se conceda un acuerdo, o que dé lugar a una renta para las partes vinculadas que se benefician de un trato fiscal preferencial (esta norma también se aplica en el contexto de un EP), y

b. El país de la residencia de la compañía matriz dominante y compañía matriz inmediata.

122. El umbral para considerar a una entidad como vinculada ha sido establecido en el 25 $2, aunque el FPFP acordó mantenerlo bajo revisión. Por consiguiente, dos partes serían consideradas vinculadas si la primera tiene el 25 % o más invertido en la segunda, o si hay una tercera entidad, siempre que posea un 25 % o más invertido en ambas. Una sociedad será tratada como tenedora de un porcentaje de inversión en otra persona si esa entidad posee directa o indirectamente a través de una inversión en otras personas, un porcentaje de los derechos de voto de esa compañía o del valor de cualquier interés económico de la misma.

123. La regla general de las dos partes, explicada más arriba, se aplica en el caso de (i) regímenes de compañías navieras; (ii) regímenes de entidades bancarias; (iii) regímenes de compañías de seguros; (iv) regímenes financieros y de leasing; (v) regímenes de entidades de gestión de fondos; (vi) regímenes de la sede social o headquarters regimes; (vii) regímenes de centros de distribución; (viii) regímenes de centros de servicios; (ix) regímenes relativos a la PI; (x) regímenes de compañías tenedoras de valores o holding; y (xi) otros regímenes mixtos identificados como regímenes preferenciales por el FPFP.

124. La misma norma de intercambio entre dos partes se aplica para (i) APAs transfronterizos y unilaterales y cualquier otro acuerdo tributario, transfronterizo y unilateral; y (ii) acuerdos transfronterizos que ofrezcan un ajuste unilateral a la baja. Para acuerdos relativos a EP, la información es intercambiada con el país de residencia de la casa central, o del país del EP, según el caso, y el país de residencia de la compañía matriz dominante y la compañía matriz inmediata. Para acuerdos de sociedades canalizadoras, tipo conduit, la información es intercambiada con (i) el país de residencia de cualquier vinculada que realiza pagos a la conductora (directa o indirectamente); (ii) el país de residencia del último beneficiario efectivo (que en la gran mayoría de los casos será la compañía matriz dominante) de los pagos hechos a la empresa canalizadora; y (iii) en la medida en que no está contemplada por (ii), el país de residencia de (1) la compañía matriz dominante y (2) la compañía matriz inmediata.

125. El cuadro de más abajo resume los países con los que la información debe ser intercambiada, con respecto a todos los acuerdos que se han tratado más arriba. La primera columna de la tabla describe qué acuerdos están contemplados por la obligación de intercambiar espontáneamente; y, la segunda, establece con qué países se necesita que la información sea intercambiada.

Cuadro 5.1. **Resumen de los países con los que la información debe ser intercambiada**

¿Qué acuerdos están comprendidos?	**¿Con qué países se necesita que la información sea intercambiada?**
1. Acuerdos relativos a un régimen preferencial. Regímenes de compañías navieras, regímenes de entidades bancarias, regímenes de compañías de seguros, regímenes financieros y leasing, regímenes de gestión de fondos, regímenes de sede central o *headquarters regimes*, regímenes de centros de distribución, regímenes de centros de servicios, regímenes PI, regímenes de compañías holding y otros regímenes mixtos identificados como regímenes preferenciales por el FPFP.	i. Los países de residencia de todas las partes vinculadas (se aplicaría el umbral del 25 %), con las cuales el contribuyente celebre una transacción para la que se conceda un trato fiscal preferencial, o que dé lugar a una renta entre partes vinculadas que se benefician de una trato preferencial (esta regla también se aplica en el marco de un EP); y ii. El país de residencia de (a) la compañía matriz dominante y (b) la compañía matriz inmediata.
2. APAs unilaterales y transfronterizos y cualquier otro acuerdo tributario unilateral y transfronterizo (como, por ejemplo, los ATRs), que comprenda precios de transferencia o la aplicación de los principios de precios de transferencia.	i. Los países de residencia de todas las partes vinculadas con quienes el contribuyente celebre transacciones cubiertas por el APA; y ii. El país de residencia de (a) la compañía matriz dominante y (b) la compañía matriz inmediata.

¿Qué acuerdos están comprendidos?	¿Con qué países se necesita que la información sea intercambiada?
3. Acuerdos transfronterizos que conceden un ajuste unilateral a la baja de los beneficios en el país que emite el acuerdo.	i. Los países de residencia de todas las partes vinculadas con quienes el contribuyente celebre transacciones cubiertas por el APA; y ii. El país de residencia de (a) la compañía matriz dominante y (b) la compañía matriz inmediata.
4. Acuerdos relativos a EP	i. El país de residencia de la casa central, o del país del EP, dependiendo del caso; y ii. El país de residencia de (a) la compañía matriz dominante y (b) la compañía matriz inmediata.
5. Acuerdos relativos a entidades canalizadoras de rentas (tipo conduit).	i. El país de residencia de cualquier parte vinculada que realiza pagos a la entidad conductora (directa o indirecta); ii. El país de residencia del ultimo beneficiario efectivo (que en la mayoría de los casos será la compañía matriz dominante) de pagos realizados a la entidad conductora; y iii. En la medida en que no estén contemplados por ii), el país de residencia (a) la compañía matriz dominante y (b) la compañía matriz inmediata.

IV. Aplicación del marco a los acuerdos [11]

A. Acuerdos precedentes

126. La obligación de intercambiar espontáneamente se aplica no solo a los acuerdos futuros, sino también a los precedentes, es decir, relativos a años anteriores. Se ha acordado que la información sobre acuerdos que debe ser intercambiada comprenda aquellos acuerdos que hayan sido emitidos a partir del día 1 de enero de 2010, y estuvieran produciendo efectos a fecha 1 de enero de 2014.

127. Para intercambiar con los países correspondientes mencionados en el Apartado III de más arriba, las jurisdicciones necesitarán ser capaces de identificar las partes vinculadas, la matriz dominante, la matriz inmediata y/o el último beneficiario efectivo, según el caso. Para acuerdos precedentes habrá muchos casos (como los APAs unilaterales y otros acuerdos sobre precios de transferencia transfronterizos) en los que la información, especialmente en relación con las partes vinculadas, estará disponible. Asimismo, la información sobre entidades matrices dominantes e inmediatas estará normalmente en manos de la Administración tributaria. No obstante, lo anterior puede que no siempre sea cierto en lo que se refiere a todas las partes vinculadas concernidas, por ejemplo, en los casos de acuerdos relativos a regímenes PI, o cuando un APA se haya centrado sobre la metodología de los precios de transferencia más que en transacciones específicas. En estos casos, los países podrían no haber identificado a todas las partes vinculadas que efectúan las transacciones.

128. Cuando un acuerdo no contiene información suficiente que permita la identificación de todos los países con los que se precisa intercambiar información, no se espera de los países que contacte al contribuyente, si bien se podría llevar a efecto lo que se denominan "mejores esfuerzos" por parte de las Administraciones, para así identificar los países con los que intercambiar información sobre el acuerdo. Esto requiere a la Administración tributaria comprobar la información que tiene en su poder, por ejemplo, en el acuerdo, o en un expediente más amplio sobre el contribuyente, que incluya cualquier documentación pertinente sobre precios de transferencia. Cuando dicha información no se encuentre en poder de la Administración tributaria, pero está disponible en fuentes fácilmente accesibles para la Administración tributaria (por ejemplo, en el registro mercantil), se esperaría de éstas extender sus esfuerzos a dichas fuentes.

B. Acuerdos futuros

129. Para acuerdos futuros, los países necesitarán tomar las medidas necesarias para asegurar que tienen, o son capaces de obtener, la información que identifica los países con los que deben intercambiar. Para acuerdos futuros, esto puede significar que los países precisarán modificar su práctica sobre los acuerdos específicos con un contribuyente y deberán requerir a éstos que suministren esa información como parte del procedimiento del mismo. Dado que los países que emiten los acuerdos comprendidos por este informe pueden necesitar modificar sus prácticas sobre los mismos, los futuros acuerdos serán exclusivamente aquellos emitidos a partir del día 1 de abril de 2016.

V. Información sujeta a intercambio

130. Otro aspecto de los trabajos del FPFP consiste en encontrar un equilibrio, con el fin de asegurar una mayor transparencia sin que ello no suponga el establecimiento de una carga administrativa demasiado pesada sobre las Administraciones tributarias. Con esta óptica, se ha acordado un procedimiento en dos fases para el intercambio de información. En la primera fase, la Administración tributaria ofrece un resumen e información básica sobre el acuerdo específico con un contribuyente. Esto se realiza utilizando la plantilla establecida en el Anexo C [12]. El uso de una plantilla común optimiza y simplifica el proceso.

131. La información requerida para completar la plantilla aporta fundamentalmente la información sobre el proceso de toma de decisiones que necesita ser efectuado por la Administración tributaria que ha emitido el acuerdo, para determinar si (i) el acuerdo está comprendido en el marco del FPFP; y (ii) con qué países debe ser intercambiado. Se lleva a cabo en un formato en el que los registros son, en su gran mayoría, numéricos, y se usa una versión electrónica, que incorpora casillas de verificación incluyendo menús desplegables. Por tanto, está diseñado para crear una carga extra mínima, o para el menor retraso para la emisión por parte de la Administración tributaria, al tiempo que sirve como un filtro útil, fácilmente comprensible en todas las lenguas, en función de que las Administraciones tributarias que lo reciban puedan determinar si solicitan el acuerdo propiamente dicho, lo que sucedería en una segunda fase.

VI. Cuestiones prácticas de ejecución

132. El Informe de Progreso de 2014 anticipó que el marco establecido en el Informe se aplicaría con posterioridad a la reunión del FPFP de otoño de 2014. No obstante, la aplicación del marco para un sistema obligatorio de intercambio de información espontáneo no se ha iniciado todavía, porque la inclusión de las categorías adicionales de acuerdos incrementa el volumen de información que necesitará ser intercambiada. Por tanto, esto requiere un mayor análisis del proceso de ejecución y de los aspectos de aplicación práctica indicados más abajo.

Método para acuerdos futuros – intercambio de forma regular

133. Cuando un país haya emitido un acuerdo que esté sujeto a la obligación de intercambiar espontáneamente, debe intercambiar la información pertinente sobre el mismo con cualquier país que pueda resultar afectado, lo antes posible y nunca más tarde de tres meses contados a partir del momento en que el acuerdo esté a disposición de la autoridad competente del país que emitió el acuerdo. Los países deben también prever sistemas apropiados para asegurar que los acuerdos sean trasladados a las autoridades competentes sin retraso injustificado.

134. No obstante, cuando se produzca un retraso debido a un impedimento legal (por ejemplo, porque el contribuyente ha impugnado el intercambio de información o ha iniciado cualquier tipo de proceso judicial), el límite temporal de los tres meses se prorroga, pero el país correspondiente debería intercambiarlo sin retraso injustificado una vez que el impedimento legal dejase de existir.

Método para acuerdos precedentes

135. La información sobre acuerdos precedentes que fueron emitidos a partir del día 1 de enero de 2010 y estuvieran en vigor con fecha 1 de enero de 2014 también deben ser intercambiados. Asimismo, se aplica a los acuerdos que hayan sido modificados durante este periodo. Este proceso debería estar terminado al finalizar el año 2016[13]. Los países podrían solicitar un enfoque gradual del intercambio de acuerdos precedentes, si así lo desearan, en tanto en cuanto el intercambio de información sobre acuerdos específicos con un contribuyente esté terminado a finales del año 2016.

VII. Reciprocidad

136. La reciprocidad en materia de intercambio de información presenta un cierto número de ventajas. No obstante, las ventajas de la reciprocidad no parecen tener ninguna relevancia cuando la práctica administrativa o el sistema legal de uno de los países ofrezca un procedimiento específico. Por consiguiente, un país que haya concedido un acuerdo que esté sujeto a la obligación de intercambiar espontáneamente no puede invocar la falta de reciprocidad como argumento para no intercambiar información espontáneamente con un país afectado, cuando este último no conceda acuerdos sujetos a la obligación de intercambiar espontáneamente[14] y, por tanto, no esté en condiciones de poder intercambiarlos. Obviamente, esto supone que el país afectado esté comprometido a aplicar el marco y a intercambiar información espontáneamente si fuera a conceder acuerdos, lo que desencadenaría automáticamente la obligación de intercambiar información espontáneamente.

VIII. Confidencialidad de la información intercambiada

137. Tanto el país que intercambia información, como sus contribuyentes, tienen derecho a que la información intercambiada de conformidad con el marco permanezca confidencial. Por tanto, el país que recibe la información debe tener el entorno legal necesario para proteger la información intercambiada.

138. Todos los Convenios y los Instrumentos de intercambio de información contienen cláusulas considerando el secreto fiscal y la obligación de mantener la información intercambiada confidencial. Según estas cláusulas, la información puede ser solo utilizada para propósitos determinados y específicos y revelados exclusivamente a ciertas y determinadas personas. La contraparte de los intercambios de información puede suspender o limitar el ámbito del intercambio de información si las correspondientes garantías no están presentes o si se ha producido una violación de la confidencialidad, cuando aquélla parte no esté satisfecha con la solución adoptada por el país en cuestión.

139. Las normas internas para proteger la confidencialidad de la información fiscal deben estar presentes en el país que recibe la información, incluyendo la información intercambiada. En el caso de revelaciones no autorizadas de la información confidencial intercambiada deben aplicarse sanciones efectivas.

140. La información intercambiada a propósito de este marco puede ser utilizada exclusivamente para fines fiscales u otros fines siempre que estén permitidos por el instrumento pertinente de intercambio de información. Si la norma interna permite un uso más amplio de la información que el Instrumento aplicable, se supone que los instrumentos y cláusulas internacionales prevalecen sobre la normativa interna.

IX. Mejores prácticas [15]

141. Las siguientes mejores prácticas pretenden reforzar los avances en la transparencia realizados por el marco de la OCDE para el sistema obligatorio de intercambio de información espontáneo de acuerdos. Son de aplicación tanto a los acuerdos para un contribuyente específico, como a los acuerdos de carácter general [16], salvo cuando se realicen las distinciones apropiadas entre acuerdos específicos para un contribuyente, APAs y tax rulings generales. Cuando no se realicen distinciones, las mejores prácticas se aplican a todos los acuerdos transfronterizos que encajan en la definición de acuerdo fiscal establecida en este capítulo [17].

A. Procedimiento para la concesión de un acuerdo

a. Las normas y los procedimientos administrativos reguladores de los acuerdos con un contribuyente especifico deberían estar identificados con antelación y publicados; y, deberían incluir: (i) las condiciones para la aplicabilidad de los procesos ligados al acuerdo; (ii) las bases para la denegación de un acuerdo; (iii) la estructura de la tarifa, si resultase aplicable; (iv) los efectos legales derivados de la obtención de un acuerdo fiscal; (v) las posibles sanciones para el caso en que el contribuyente suministre información falsa o incompleta; (vi) las condiciones para la revocación, cancelación o revisión de un acuerdo; (vii) cualquier otra guía que se presuma necesaria para hacer las normas suficientemente completas y claras a los contribuyentes y sus asesores.

b. Los acuerdos fiscales deberían ser emitidos, y cualquier discrecionalidad administrativa en la concesión de un acuerdo debería ser ejercida, exclusivamente dentro de los límites de, y de acuerdo con, la normativa tributaria relevante y los procedimientos tributarios del país, y deberían estar limitados a la determinación de cómo dicha ley y/o cualquier procedimiento administrativo se aplica a uno o más operaciones o transacciones previstas, planeadas o efectuadas por el contribuyente.

c. Los acuerdos fiscales deberían respetar las obligaciones internacionales aplicables que se hallen incorporadas a la ley tributaria interna, por ejemplo, las obligaciones derivadas de los tratados bilaterales pertinentes.

d. Los acuerdos fiscales deberían ser emitidos por escrito.

e. Los acuerdos fiscales deberían ser emitidos exclusivamente por la autoridad u oficina competente del gobierno a cargo de esta tarea. Cuando un acuerdo es concedido por otro departamento gubernamental, debería estar sujeto a la aprobación de la oficina o departamento competente.

f. Se recomienda que al menos dos funcionarios estén involucrados en la decisión de concesión de un acuerdo, o que exista al menos un proceso de revisión a dos niveles para la decisión, en especial, en los casos en los que las normas aplicables y los procedimientos administrativos explícitamente se remiten a la discrecionalidad o al ejercicio del juicio por uno de los funcionarios citados.

g. Los acuerdos fiscales deberían ser vinculantes para la autoridad fiscal (en la medida en que esté permitido por la normativa interna[18]), considerando que la legislación aplicable, los procedimientos administrativos y la información sobre los hechos en los que el acuerdo se basa no han cambiado con posterioridad a la concesión del mismo.

h. Los contribuyentes deberían solicitar los acuerdos por escrito y suministrar una descripción completa de las operaciones o transacciones para las que se solicita. La información debería ser incluida en el expediente justificativo de la solicitud del acuerdo para un contribuyente específico (el "expediente del ruling"). Dicho expediente debería incluir también información sobre los métodos y los hechos para la determinación de los elementos clave de la visión de la autoridad fiscal (por ejemplo, precios de transferencia, márgenes, tipos de interés, márgenes de beneficios). A menudo, serán requisitos de documentación específicos para APAs u otros acuerdos que se relacionan con los precios de transferencia. Cualquier información adicional o hechos relevantes que llaman la atención de la autoridad fiscal (por ejemplo, en presentaciones orales en reuniones) deberían ser registrados por escrito y también ser incluidos en el expediente del acuerdo.

i. La información que concierne al solicitante (incluyendo el nombre del contribuyente, su residencia fiscal, su número de identificación fiscal, el número de registro comercial para entidades y compañías) y los asesores fiscales/consultores tributarios implicados deberían ser incluidos en el expediente del acuerdo y/o en el mismo acuerdo.

j. Antes de tomar una decisión, la/s persona/s que proporcionan el acuerdo deberían comprobar que la descripción de los hechos y circunstancias es suficiente y justifica el resultado previsto en el mismo. Deberían también comprobar que el resultado del acuerdo es compatible y congruente con cualquier otro acuerdo previo concerniente a similares aspectos legales y circunstancias de hecho.

B. Plazo del acuerdo y procedimiento posterior de comprobación/inspección

a. Los APAs deberían ser por un periodo fijo de tiempo y estar sujetos a revisión antes de ser prorrogados.

b. Los contribuyentes deberían notificar a la Administración tributaria sobre cualquier cambio material en los hechos o circunstancias sobre las cuales fue fundamentado el acuerdo en cuestión para un contribuyente específico (incluido un APA), tan pronto como sea posible de modo que la Administración tributaria pueda evaluar si debe intercambiar la información con otro país. Como parte de este proceso de notificación, los contribuyentes debería notificar a las Administraciones tributarias sobre cualquier cambio material a las partes vinculadas con las que realizan transacciones (para transacciones comprendidas en el acuerdo) y cualesquiera otros cambios que impactarían sobre con quien debería ser intercambiada información.

c. Los procedimientos administrativos efectivos deberían estar disponibles para verificar periódicamente que la información sobre los hechos y las presunciones realizadas cuando se conceden acuerdos para un contribuyente específico, permanecen apropiadas e inalteradas a lo largo del plazo de validez del tax ruling. Esto puede ser especialmente necesario en el caso de APAs cuando las presunciones utilizadas y las decisiones tomadas podrían ser afectadas por los cambios en las circunstancias económicas.

d. Los rulings deben estar condicionados a su revisión, revocación o cancelación, dependiendo del caso, en las siguientes circunstancias:

   1. Si el contribuyente hace declaraciones falsas u omisiones en la solicitud del acuerdo que ponen en tela de juicio la propia validez del mismo;

   2. Si la leyes pertinentes cambian;

   3. Si hay un cambio relevante y significativo (i) en los hechos o circunstancias en base a los cuales el acuerdo fue fundamentado; o (ii) en la validez de las presunciones realizadas.

C. Publicación e intercambio de información

a. Los acuerdos generales deberían ser publicados y tener un fácil acceso a otras Administraciones tributarias y contribuyentes. Idealmente, los acuerdos generales deberían ser publicados en la página web de la Administración tributaria. Si no fuesen publicados en su totalidad, la página web debería contener breves resúmenes con enlaces adonde el acuerdo fuera accesible en su totalidad. Asimismo, los acuerdos generales publicados deberían acompañarse con una breve descripción en uno de los lenguajes oficiales de la OCDE. Las publicaciones deberían tener lugar tan pronto como fuera posible, después de que el acuerdo haya sido concedido y en cuanto sea posible, siempre dentro de los seis meses siguientes.

b. Para los acuerdos con un contribuyente específico, cuando el acuerdo emitido encajase dentro del ámbito del marco de la OCDE para el sistema obligatorio de intercambio de información espontáneo sobre acuerdos u otro compromiso aplicable para intercambiar (por ejemplo, según el Derecho tributario de la Unión Europeo o Convenios bilaterales), la autoridad debería transmitir dicho acuerdo a las autoridades competentes sin retraso injustificado, para que dicha autoridad intercambie la información sobre el acuerdo con cualquier país pertinente, tan pronto como sea posible y nunca más tarde de tres meses desde que el acuerdo esté disponible (sujeto a cualquiera de los impedimentos legales).

Notas

1. Para más información sobre el MAC, véase www.oecd.org/tax/exchange-of-tax-information/conventiononmutualadministrativeassistanceintaxmatters.htm.

2. Esta definición fue incluida en el Capítulo V del CAN y fue también incorporada en el Informe de Progreso de 2014.

3. En sus formas anónimas o expurgadas, dichos acuerdos caen dentro de la categoría de "acuerdos generales", salvo que estén escritos en respuesta de una solicitud de acuerdo de un contribuyente en particular. Obviamente, en sus formas no anónimas, dichos acuerdos se encontrarían en la categoría de "acuerdos específicos para un contribuyente".

4. Los APAs pueden determinar la atribución de beneficios de acuerdo con el artículo 7 del Modelo de Convenio de la OCDE (OECD, 2014b), así como los precios de transferencia entre las empresas vinculadas. Dichos APAs también encajarían en el ámbito de trabajo de la definición de "tax ruling" a los efectos de la obligación para intercambiar espontáneamente los acuerdos.

5. Véase la definición de APA en la primera frase del parágrafo 4.123 de las Directrices de Precios de Transferencia.
6. Véase el parágrafo 3 del Anexo al Capítulo IV de las Directrices de Precios de Transferencia.
7. La norma y la práctica administrativa incluye el derecho convencional (incluidas las cláusulas pertinentes de un Tratados), jurisprudencia, regulaciones, instrucciones y prácticas administrativas.
8. Véase el Apartado III de este Capítulo.
9. Véase parágrafo 152 de la NAC.
10. Véase parágrafo 153 de la NAC.
11. Los países que no tienen en la actualidad el marco legal necesario en vigor para el intercambio de información espontáneo de acuerdos comprendidos en este Capítulo tendrán que aprobar dicho marco para poder cumplir con las obligaciones dispuestas en la Acción 5. En estos casos, los plazos comprendidos en este apartado están sujetos a marco legal del país. Esto también debe tener en cuenta la entrada en vigor y la fecha de aplicación efectiva de las cláusulas de los instrumentos pertinentes de intercambio de información.
12. La OCDE transformará la plantilla en un documento XML con la correspondiente guía de usuario, que puede ser utilizada para la transferencia de una gran cantidad de plantillas.
13. En cuanto a la consideración de los plazos comprendidos en este Apartado véase la nota a pie de página 11.
14. Véase el parágrafo 15.1 del Modelo de Convenio de la OCDE de la versión 2014, en el que se establece el principio en el marco del intercambio de información previo requerimiento.
15. Para seguir las mejores prácticas pueden ser requeridos cambios en la normativa interna de los distintos países o en la práctica actual de éstos en materia de acuerdos con un contribuyente específico.
16. Todas las referencias del Apartado de mejores prácticas a los acuerdos generales quieren referirse a acuerdos generales transfronterizos. Un acuerdo será considerado como un tax ruling transfronterizo cuando encaja en una de las seis categorías de acuerdos del cuadro del Apartado III.
17. Véase el parágrafo 102 más arriba incluido, en el que se contiene la definición de "acuerdo".
18. Los acuerdos fiscales pueden no ser vinculantes cuando la autoridad fiscal ha cometido un error en la interpretación o aplicación de la norma, cuando ha retirado su acuerdo por notificación escrita a las partes, por lo que tendrá solo efecto prospectivo, o cuando un acuerdo se opone a las obligaciones internacionales asumidas por los países.

Bibliografía

Unión Europea (2011), Directiva del Consejo 2011/16/EU de 15 Febrero de 2011, relativa a la cooperación administrativa en el ámbito de la fiscalidad y por la que se deroga la Directiva 77/799/CEE. http://eur-lex.europa.eu/legal-content/ES/TXT/?qid=1451689515593&uri=CELEX:32011L0016 (Fecha de consulta 20 Diciembre 2015).

OCDE (2014a); *Combatir las prácticas fiscales perniciosas, teniendo en cuenta la transparencia y la sustancia*, Ediciones OCDE, París, http://dx.doi.org/10.1787/9789264218970-en.

OCDE (2014b), *Modelo de Convenio Tributario sobre la Renta y sobre el Patrimonio: Versión abreviada de 2014*, Ediciones OCDE, París, disponible en la página: www.oecd.org/tax/treaties/2014-update-model-tax-concention.pdf.

OCDE (2013); *Plan de acción contra la erosión de la base imponible y el traslado de beneficios*, Ediciones OCDE, París, http://dx.doi.org/10.1787/9789264207813-es.

OCDE (2010), *Directrices de la OCDE aplicables en materia de precios de transferencia a empresas multinacionales y administraciones tributarias 2010*, Ediciones OCDE, París, www.oecd.org/ctp/directrices-de-la-ocde-aplicables-en-materia-de-precios-de-transferencia-a-empresas-multinacionales-y-administraciones-tributarias-9789264202191-es.htm.

OCDE (2008), *La Convención sobre asistencia administrativa mutua en materia fiscal,* Ediciones OCDE, París, disponible en la siguiente página web: http://dx.doi.org/10.1787/9789264041042-en.

OCDE (2004), *Nota de aplicación consolidada: Guía para la aplicación del Informe de 1998 a los regímenes fiscales preferenciales*, Ediciones OCDE, París, www.oecd.org/ctp/harmful/30901132.pdf.

OCDE (2001), *Hacia una Cooperación fiscal global: Progresos en la identificación y eliminación de las prácticas fiscales nocivas.* Ediciones OCDE, París, http://dx.doi.org/10.1787/9789264184541-en.

OCDE (1998), *Competencia fiscal nociva: un tema global*, Ediciones OCDE, París, http://dx.doi.org/10.1787/9789264162945-en.

Capítulo 6

Revisión de los regímenes de los países miembros y asociados

I. Introducción

142. La revisión actual de los regímenes de los países miembros de la OCDE comenzó a finales de 2010 con la preparación de una encuesta preliminar sobre regímenes fiscales preferenciales en los países de la OCDE, basada en la información pública disponible y sin ningún juicio sobre la potencial lesividad de cualquiera de los regímenes incluidos. Por tanto, se añadieron más regímenes al procedimiento revisor, basándose en las recomendaciones de los mismos países y de otros países.

143. A cada país miembro se le requirió para que suministrase la necesaria descripción de sus regímenes, junto con una auto-revisión realizada en una plantilla standard. A las auto-revisiones les siguieron un amplio análisis y revisiones entre pares (peer reviews). Los exámenes se basaron en los principios y factores establecidos en el Informe de 1998 (OCDE, 1998) y, en los casos en que fue necesario, a través de los pertinentes análisis económicos. Con la adopción del Plan de Acción BEPS (OCDE, 2013), los países del G20 se unieron a los países miembros de la OCDE en pie de igualdad en el trabajo del FPFP. Las revisiones fueron ampliadas para cubrir también los países miembros y asociados y se avanzó de la siguiente manera:

- *Regímenes PI*: Como todos los regímenes PI tanto de los países miembros como de los asociados han sido analizados juntos, y examinados no solo a la luz de los factores previamente aplicados, sino también considerando el factor de la actividad sustancial, tal y como se describe en el Capítulo 4 de este Informe.
- *Regímenes no PI:* Como la actual revisión comenzó antes de la publicación del Plan de Acción BEPS, todos los regímenes tanto de los países miembros, como de los asociados han sido evaluados por los factores previamente aplicados, de modo que hay un enfoque congruente aplicado a los tipos similares de regímenes, como, por ejemplo, a aquellos de los regímenes de compañías holding. En lo que se refiere a regímenes no PI, el factor de actividad sustancial no ha sido todavía aplicado, pero el FPFP está planeando hacerlo.
- *Acuerdos:* El FPFP ha acordado un marco que será aplicado a los acuerdos acordados tanto por los países miembros, como por los asociados.

144. Los distintos aspectos de los trabajos del FPFP implican diferentes exigencias para los países en función de los regímenes específicos. Por ejemplo, aunque un régimen PI sea congruente con el enfoque del nexo establecido en el Capítulo 4, un país podría además necesitar intercambiar los acuerdos relacionados con dicho régimen según el marco dispuesto en el Capítulo 5.

II. Conclusiones sobre los regímenes subnacionales y sobre las circunstancias para que encajen dentro del ámbito de trabajo del FPFP

145. En el curso de la actual revisión, la cuestión que surge es si los regímenes subnacionales, que ofrecen incentivos fiscales solo en dicho nivel subnacional exclusivamente, se encuentran bajo el ámbito del trabajo del FPFP. Dado que el factor del tipo o tasa de gravamen cero o muy baja se fija teniendo en cuenta el tipo de gravamen efectivo combinado entre los niveles nacional y subnacional, un régimen subnacional estaría fuera del marco de trabajo del FPFP, cuando en los tipos de gravamen en los niveles nacional y subnacional no concurriera el requisito del tipo de gravamen efectivo cero o muy bajo por sí mismo.

146. No obstante, el Informe de 1998 no descarta a los regímenes subnacionales del ámbito de trabajo del FPFP, desde el punto de vista de los principios, y no hay nada en la historia del trabajo del FPFP que excluya a los regímenes subnacionales del ámbito de dicho trabajo. Además, sería incongruente con el Informe de 1998, en el que se amplía el objetivo estableciendo la "igualdad de condiciones" a la hora de competir[1], para excluir los regímenes que ofrecen beneficios fiscales a nivel subnacional del objeto de trabajo del FPFP, particularmente cuando el tipo de gravamen del nivel subnacional representa (o podría representar, en el caso de un tipo de gravamen discrecional) una parte significativa del tipo de gravamen efectivo combinado. Teniendo en cuenta esto, el FPFP acordó incluir los regímenes subnacionales dentro del ámbito de trabajo, cuando concurrieran los siguientes dos criterios:

a. El gobierno nacional es el último responsable en última instancia para el diseño general de los regímenes pertinentes y deja a discreción limitada al gobierno subnacional, tanto la introducción o no del régimen, como el diseño de las características principales del mismo. El fundamento de esto se encuentra en que no hay una diferencia fundamental entre el régimen concernido y los regímenes aprobados y administrados a nivel nacional;

b. El tipo de gravamen a nivel subnacional representa (o podría representar en el caso de tipos de gravamen discrecionales) una parte significativa del tipo de gravamen combinado y del tipo de gravamen combinado efectivo para ambos niveles nacional y subnacional, siempre que concurra el criterio de un tipo de gravamen cero o muy bajo.

III. Conclusiones alcanzadas tras la revisión de regímenes

147. El proceso de revisión del FPFP incluye los siguientes 43 regímenes preferenciales. Los cuadros incluidos más abajo identifican el país, el nombre del régimen y ofrecen la conclusión a la que se llega.

Cuadro 6.1. **Regímenes PI**

	País	Régimen	Conclusión
1.	Bélgica	Reducción de la renta de patentes.	Véase el apartado que sigue a este cuadro.
2.	China	Tipos de gravamen reducidos para nuevas empresas de alta tecnología	
3.	Colombia	Régimen Software	
4.	Francia	Tipo reducidos para ganancias de capital de largo plazo y para los beneficios de las concesiones de licencia de explotación de derechos de la PI.	
5.	Hungría	Régimen PI para los cánones y las ganancias de capital	
6.	Israel	Régimen de compañías preferenciales	
7.	Italia	Régimen aplicable a las patentes	
8.	Luxemburgo	Exención parcial para la renta/ganancias obtenidas de ciertos derechos de PI	
9.	Países Bajos	Régimen aplicable a las innovaciones	
10.	Portugal	Exención parcial para la renta obtenida de cierta propiedad de intangibles	
11.	España	Exención parcial para la renta obtenida de determinados activos intangibles	
12.	España – País Vasco	Exención parcial para la renta obtenida de determinados activos intangibles	
13.	España – Navarra	Exención parcial para la renta obtenida de determinados activos intangibles	
14.	Suiza – Cantón de Nidwalden	Régimen para los productos de licencias	
15.	Turquía	Áreas de desarrollo tecnológico	
16.	Reino Unido	Régimen aplicable a las patentes	

148. Los regímenes PI que aparecen en el Cuadro 6.1 fueron analizados según los criterios del Informe de 1998, así como a través del criterio de la actividad sustancial. Estos regímenes no son conformes, en todo o en parte, con el enfoque del nexo, tal y como se describe en este Informe. Esto se refleja en el hecho de que, independientemente de otros aspectos del trabajo sobre prácticas fiscales lesivas, los detalles de este enfoque fueron terminados precisamente durante la elaboración de este Informe, mientras que los regímenes habían sido diseñados con antelación. Los países con estos regímenes llevarán a cabo la revisión de las posibles modificaciones de las características pertinentes de sus regímenes[2]. Cuando no se realicen las modificaciones, el FPFP pasará a las siguientes fases en su proceso de revisión y control.

Cuadro 6.2. **Regímenes no PI**

	País	Régimen	Conclusión
17.	Argentina	Régimen promocional para la industria del software	No lesivo.
18.	Australia	Régimen conductor de renta extranjera	No lesivo.
19.	Brasil	PADIS – Industria de semiconductores	No lesivo.
20.	Canadá	Régimen empresarial de seguros de vida	Potencialmente lesivo, pero no realmente dañino.
21.	China	Tipo reducido para las empresas de servicios de tecnología avanzada	No lesivo.

	País	Régimen	Conclusión
22.	Colombia	Régimen de inversión de inversiones de cartera en el exterior	No lesivo[3]
23.	Grecia	Ingeniería y Construcción Offshore	[Modificado]
24.	India	Deducciones relativas a ciertas rentas de unidades bancarias offshore y de centros de servicios financieros internacionales	No lesivo.
25.	India	Cláusulas especiales relativas a unidades recientemente establecidas en zonas económicas especiales.	No lesivo.
26.	India	Cláusulas especiales relativas a la renta de compañías navieras – tonnage tax scheme	No lesivo.
27.	India	Tributación de beneficios y ganancias de las empresas de seguros de vida.	No lesivo.
28.	Indonesia	Régimen de compañías cotizadas	Bajo revisión.
29.	Indonesia	Régimen de subsidios a la inversión.	Bajo revisión.
30.	Indonesia	Régimen de las zonas económicas especiales	Bajo revisión.
31.	Indonesia	Régimen de vacaciones fiscales	Bajo revisión.
32.	Japón	Zonas especiales para el desarrollo de la competitividad internacional	No lesivo[4]
33.	Japón	Medidas para la promoción de la investigación y el desarrollo.	No lesivo[5]
34.	Letonia	Régimen fiscal del transporte marítimo.	No lesivo.
35.	Luxemburgo	Régimen de la Sociedad de gestión de patrimonio familiar (*Société de gestion de patrimoine familial*)	No lesivo[6]
36.	Luxemburgo	Régimen de la Sociedad de inversión en capital riesgo (*Société d'investissement en capital à risque*)	No lesivo[7]
37.	Sudáfrica	Compañía de sede central o Headquarter Company	Potencialmente lesivo, pero no realmente dañino.
38.	Sudáfrica	Exención de la renta relativa a barcos usados en la navegación internacional.	No lesivo.
39.	Suiza – nivel cantonal	Régimen de compañías auxiliares (anteriormente denominado régimen de compañías domiciliarias)	En proceso de ser eliminado[8]
40.	Suiza – nivel cantonal	Régimen de compañías mixtas	En proceso de ser eliminado[9]
41.	Suiza – nivel cantonal	Régimen de compañías Holding	En proceso de ser eliminado[10]
42.	Suiza – nivel federal	Régimen de los acuerdos de comisionistas	En proceso de ser eliminado[11]
43.	Turquía	Régimen de las compañías navieras.	No lesivo[12]

149. Este informe también establece el significado de actividades sustanciales en el contexto de los regímenes no PI, pero como se mencionó más arriba este análisis no ha sido todavía aplicado a los regímenes. El FPFP llevará a cabo un trabajo adicional para analizar bajo qué condiciones podría ser necesario reconsiderar los regímenes a la luz del criterio acordado de actividad sustancial, aplicándose a los regímenes no PI.

IV. Regímenes relativos a zonas desfavorecidas

150. Ciertos países (por ejemplo, Suiza[13] y Letonia[14]) han introducido regímenes fiscales de incentivos diseñados para fomentar el desarrollo en zonas desfavorecidas. Aunque no ofrecen un tratamiento preferencial específico para la renta derivada de la propiedad intelectual, pueden incluir (o no excluir específicamente) dicha renta. El FPFP ha considerado que estos regímenes, en los casos en que concurran determinadas

condiciones, no dan lugar a un riesgo alto de erosión de bases imponibles y traslado de beneficios, aunque sí deberían ser monitorizados. Estos regímenes no serán objeto de una revisión adicional a menos que haya un indicio de efectos económicos adversos. Para que sean considerados como un régimen de bajo riesgo, aplicable a áreas desfavorecidas, se necesitaría que concurrieran las siguientes condiciones de forma simultánea: (i) el tratamiento fiscal preferencial es aplicable sólo a un área relativamente pequeña (en términos de superficie y/o población) seleccionada por referencia a un nivel de desarrollo estructural, económico y social bajo si se compara con el país como un todo; (ii) el régimen está fundamentalmente diseñado para crear nuevos puestos de trabajo y atraer inversiones reales y que no haya sido diseñado para atraer renta de PI u otras rentas móviles; (iii) en una entidad tienen que concurrir los requisitos de sustancia significativos para tener acceso al tratamiento fiscal preferencial (por ejemplo, tiene que demostrar la generación de nuevo empleos, activos e inversiones); y (iv) el país acuerda mantener los datos correspondiente (como el número de entidades que se beneficien de dicho régimen, su sector de actividad y la cantidad acumulada de renta exenta) para permitir el seguimiento del impacto del régimen bajo los criterios del FPFP.

V. Ajustes a la baja

151. El FPFP examinó los regímenes de capital informal y de beneficios excedentarios. A la vista de los mismos, el FPFP concluyó que el problema principal era la falta de transparencia. Por tanto, fue acordado que además de intercambiar información sobre los acuerdos con ajustes a la baja, la información debería ser también intercambiada en los casos de ajustes a la baja, respecto a los que no se extiende ningún tipo de acuerdo con un contribuyente específico. Sobre esta base, el FPFP consideró que, en este momento, no era necesario realizar una revisión adicional de estos regímenes, pero sí sería apropiado monitorizar el impacto del intercambio de información.

Notas

1. Véase el parágrafo 8 del Informe de 1998.
2. Considerando sus características particulares, el régimen chino para la nueva y alta Tecnología será más restrictivo que el enfoque del nexo y son solo en limitadas circunstancias, cuando la renta puede beneficiarse del exceso de la cuantía computada según el enfoque del nexo.
3. Esta conclusión fue alcanzada por el FPFP sin llegar a ninguna conclusión sobre que el régimen colombiano estuviera dentro del ámbito del trabajo del FPFP.
4. Este régimen fue analizado antes de la aprobación del Plan de Acción BEPS.
5. Véase la nota a pie de página núm. 4.
6. Véase la nota a pie de página núm. 4.
7. La conclusión fue alcanzada por el FPFP sin llegar a ninguna conclusión de que el régimen de Luxemburgo estuviera dentro del ámbito de trabajo del FPFP.
8. El día 5 de junio de 2015, el Gobierno suizo ha presentado un Proyecto de Ley para su aprobación por el Parlamento en el que se propone la eliminación el régimen (así como los siguientes tres regímenes). Condicionado al proceso de aprobación parlamentaria/constitucional,

la intención es que la nueva legislación federal entre en vigor el día 1 de enero de 2017, al que seguirá un periodo de dos años para que los 26 Cantones revisen en consecuencia sus normas.

9. Véase nota a pie de página núm. 8.

10. Véase nota a pie de página núm. 8.

11. Véase nota a pie de página núm. 8.

12. Véase nota a pie de página núm. 4.

13. Compensación aprobada por Suiza para compañías nuevamente establecidas o re-formuladas.

14. El régimen fiscal de Letonia relacionado con las inversiones de los contribuyentes en zonas económicas especiales y puertos libres (Zonas económicas especiales).

Bibliografía

OCDE (2013); *Plan de acción contra la erosión de la base imponible y el traslado de beneficios*, Ediciones OCDE, París, http://dx.doi.org/10.1787/9789264207813-es.

OCDE (1998), *Competencia fiscal nociva: un tema global*, Ediciones OCDE, París, http://dx.doi.org/10.1787/9789264162945-en.

Capítulo 7

Trabajos adicionales del FPFP

152. Este capítulo propone las próximas etapas en el trabajo del FPFP. Las próximas etapas se enmarcan en tres amplias categorías: (i) el trabajo en curso, incluyendo el seguimiento de los regímenes preferenciales y la aplicación del marco de transparencia acordado; (ii) el desarrollo futuro de una estrategia para expandir la participación a terceros países; y (iii) la consideración de potenciales revisiones o adiciones a los criterios existentes del FPFP.

I. Trabajo en curso, incluyendo el seguimiento

153. Los Capítulos 4 y 5 respectivamente disponen la aplicación de un análisis de las actividades sustanciales a los regímenes preferenciales, así como el marco para una transparencia incrementada y mejorada de los acuerdos. El futuro desarrollo en esta área incluirá lo siguiente:

- Regímenes PI: El FPFP realizará un seguimiento de los regímenes preferenciales de PI, y los países deberán comunicar al FPFP el progreso en materia legislativa realizado con respecto a los cambios en sus legislaciones existentes. Los regímenes en vigor PI que aparecen en la listados en el Cuadro 6.1 del Capítulo 6 deben ser modificados para cumplir con el enfoque del nexo (y, si las jurisdicciones eligen beneficiarse de las excepciones, deberán cumplir con las garantías asociadas a los derechos adquiridos previstas en las cláusulas transitorias y con las salvaguardas relativas las nuevas entradas dispuestas en el Capítulo 4). El futuro seguimiento considerará cualquiera de las modificaciones, y cuando no se hayan hecho modificaciones a los regímenes PI existentes, el FPFP avanzará a la siguiente fase del proceso de control y revisión. El Capítulo 4 ofrece que, en ciertas circunstancias, los países puedan permitir el uso de la ratio del nexo como una presunción iuris tantum. En estas circunstancias, ciertas formas de transparencia mejorada y seguimiento, establecidos en el Capítulo 4, llegarán a ser aplicables y el FPFP llevará a cabo el seguimiento, implementación y aplicación de los requisitos establecidos en este Capítulo. Las jurisdicciones deben también informar al FPFP si ofrecen beneficios según sus regímenes PI a la tercera categoría de activos PI dispuesto en el Capítulo 4. Finalmente, el Capítulo 6 reconoce que algunos regímenes diseñados para promocionar el desarrollo de áreas desfavorecidas necesitarán ser seguidas y que los países serán requeridos para mantener los datos sobre las compañías que se benefician de aquellos regímenes.
- Regímenes no PI: El FPFP controlará los regímenes preferenciales no PI. Debe subrayarse que hasta la fecha el factor o criterio de la actividad sustancial ha sido solo aplicado a los regímenes PI. Si los países tienen preocupaciones sobre

el criterio de las actividades sustanciales en otros regímenes preferenciales, éstos también deberán ser revisados bajo el criterio de la actividad sustancial.

- Marco de transparencia: El Capítulo 5 ofrece un marco para mejorar la transparencia en relación con los acuerdos. La información sobre los acuerdos futuros empezará a ser intercambiada desde el día 1 de abril de 2016 y los países tienen hasta finales de 2016 para intercambiar la información sobre los acuerdos precedentes[1]. Un mecanismo de seguimiento y revisión permanente será puesto en marcha para asegurar el cumplimiento de los países con las obligaciones de intercambiar información espontáneamente, establecidas en este marco. Esto implicará una revisión anual por el FPFP comenzando a principios de 2017. Como parte de este proceso el FPFP también evaluará la efectividad del marco y si el campo de aplicación de los acuerdos y la información ofrecida por las Administraciones tributarias concilian de manera apropiada la necesidad de identificar los riesgos BEPS con la carga administrativa para las jurisdicciones que envían y reciben. Como parte del proceso de revisión, los procesos que ofrecen acuerdos específicos para un contribuyente que caen bajo este marco se espera que suministren información estadística que incluya lo siguiente: (i) el número total de intercambios espontáneos enviados según el marco; (ii) el número de intercambios espontáneos enviados por categoría de acuerdos; y (iii) país o países con quienes se ha intercambiado información, suministrando la misma por cada intercambio. Los países deberán también ofrecer información detallada de los casos en los que había información insuficiente para identificar todos los países con quienes necesitaban intercambiar y, por tanto, en donde deben aplicar un enfoque de mejores y mayores esfuerzos. Esta información debería ser desglosada por categoría de acuerdos e incluir una breve descripción de los esfuerzos realizados para identificar las partes vinculadas concernidas.

II. Desarrollo de una estrategia para extender la participación a terceros países

154. La necesidad de una solución global para afrontar los retos se encuentra en el corazón del proyecto BEPS. Por esta razón, los países de la OCDE y del G20 han trabajado en pie de igualdad con la directa participación de un creciente número de países en vías de desarrollo. La Acción 5 del Plan de Acción BEPS (OCDE, 2013) explícitamente reconoce la necesidad de implicar a terceros países y solicitó al FPFP para que desarrollase una estrategia para atraer a países no OCDE/no G20 en el trabajo sobre prácticas fiscales lesivas. Esta iniciativa se necesita para asegurar la igualdad de condiciones y evitar el riesgo de que las prácticas fiscales lesivas simplemente se desplacen a terceros países, y además permite la participación y el compromiso de terceros países, tanto si tienen regímenes preferenciales, como si no estando en esta situación, están interesados con el trabajo. Con este telón de fondo, el FPFP acordó los siguientes elementos para una estrategia de compromiso con los terceros países:

- El compromiso del FPFP debería incluir a terceros países que tienen regímenes preferenciales, así como a otros países que tienen un interés en los trabajos del FPFP.
- Como parte de dicho compromiso, el FPFP comunicará el propósito y objetivos de su trabajo estableciendo el nivel de participación y compromiso de los terceros países.
- Se efectuará un trabajo adicional para ejecutar la estrategia de compromiso en 2016, en el marco de un objetivo más amplio para diseñar un entorno más integrador que permita apoyar y monitorizar la ejecución de las medidas de BEPS.

III. Análisis de las revisiones o de las incorporaciones a los criterios existentes del FPFP

155. El entorno actual para el análisis de los regímenes preferenciales se encuentra descrito en el Capítulo 3 y utiliza cuatro factores clave y ocho elementos adicionales para determinar si un régimen preferencial es potencialmente lesivo. Dos de los factores existentes (transparencia y actividad sustancial) han sido ya configurados, siendo el primer resultado de la Acción 5. Los países de la OCDE y del G20 que participan en el FPFP consideran que es demasiado pronto para identificar con exactitud las áreas en las cuales los criterios existentes podrían revelarse insuficientes, porque el impacto de los trabajos sobre sustancia y transparencia no puede ser totalmente evaluado todavía. Además, los beneficios de la implicación de los terceros países en este aspecto del trabajo son más que reconocidos.

156. Sin embargo, algunas áreas han sido identificadas como aquellas que podrían beneficiarse de un análisis adicional, una vez que el FPFP estuviera en mejores condiciones para determinar el impacto de los otros resultados examinados en este informe. Estos incluirían el quinto factor establecido en el Informe de 1998 (OCDE, 1998) y la aplicación del factor de compartimentación (ring-fencing factor).

157. El quinto factor que puede ayudar en la identificación de los regímenes preferenciales lesivos es "una definición artificial de la base imponible". Este concepto implica que en lugar de ofrecer un tipo de gravamen preferencial, un país puede atraer rentas móviles, teniendo una definición más reducida y delimitada de base imponible que someta a gravamen menos renta. Esto puede ser alcanzado, por ejemplo, mediante la exención de determinados categorías de renta o permitiendo la deducción de determinados gastos, que son considerados como si se hubieran incurrido. El Informe de 1998 subrayó que dichas medidas pueden también sufrir de una falta de transparencia. Algunos países han sugerido que este criterio podría ser elevado de importancia, como de hecho ya ocurrido con el factor duodécimo; no obstante, el marco de la transparencia establecido en el Capítulo 5 puede tratar muchas de las preocupaciones que sobre transparencia, dichos regímenes plantean.

158. La compartimentación es uno de los factores clave del Informe de 1998 y se aplica (i) cuando un régimen implícita o explícitamente excluye a los contribuyentes residentes de aprovecharse de sus beneficios; o (ii) cuando una entidad que se beneficia del régimen, se le prohíbe explícita o implícitamente operar en el mercado nacional. El NAC (OCDE, 2004) contiene recomendaciones adicionales sobre la aplicación del factor de compartimentación, en la misma se prevé que este factor podría aplicarse cuando el resultado fiscal de un transacción completamente interna es en la práctica diferente de la que surge para una transfronteriza. En este contexto, se ha sugerido que la aplicación del factor de compartimentación a dichos escenarios podría ser diseñada de una forma más clara.

Nota

1. Los países que no tienen actualmente el necesario marco legal para el intercambio de información espontáneo de tax rulings, analizado en el Capítulo 5, necesitarán aprobar dicho marco para cumplir con las obligaciones de la Acción 5. En dichos casos los plazos para el intercambio de información espontánea de acuerdos estará sujeta al marco legal del país. Esto también tiene que tener en cuenta la entrada en vigor y la fecha de aplicación efectiva de las cláusulas de los instrumentos pertinentes de intercambio de información.

Bibliografía

OCDE (2013), *Plan de acción contra la erosión de la base imponible y el traslado de beneficios*, Ediciones OCDE, París, http://dx.doi.org/10.1787/9789264207813-es.

OCDE (2004), *Nota de aplicación consolidada: Guía para la aplicación del Informe de 1998 a los regímenes fiscales preferenciales*, Ediciones OCDE, París, www.oecd.org/ctp/harmful/30901132.pdf.

OCDE (1998), *Competencia fiscal nociva: un tema global*, Ediciones OCDE, París, http://dx.doi.org/10.1787/9789264162945-en.

Anexo A

Ejemplo de una medida transitoria para el seguimiento y la trazabilidad

1. En 2016, el país P introduce un régimen de PI, que requiere seguimiento y trazabilidad. El contribuyente Q es una compañía tecnológica que vende productos que utilizan múltiples activos PI que el propio contribuyente ha desarrollado. Con antelación al año 2016, el contribuyente Q no realizaba ni seguimiento, ni trazabilidad ni de los gastos ni de la renta de los activos individuales PI o productos, pero tiene información sobre los gastos totales I+D en lo que el contribuyente por sí mismo incurrió, así como de los gastos totales de externalización para partes vinculadas y sus costes de adquisición totales para 2014 y 2015. Así pues, el contribuyente Q puede seguir y rastrear las familias de producto a partir de 2016. Los gastos del contribuyente Q se enumeran a continuación:

Cuadro A.1. **Gastos del Contribuyente Q**

2014	Todos los gastos elegibles (i.e. todos los gastos I+D incurridos por el contribuyente Q): 5 000 Todos los gastos totales (i.e. todos los gastos I+D incurridos por el contribuyente Q, todos los gastos para la externalización a partes vinculadas y todos los costes de adquisición): 10 000
2015	Todos los gastos elegibles: 3 000 Todos los gastos totales: 3 000
2016	Todos los gastos elegibles: 2 000 Gastos elegibles por la familia de productos A: 400 Gastos elegibles por la familia de productos B: 1 600 Todos los gastos totales: 5 000 Gastos totales por la familia de productos A: 2 400 Gastos totales por la familia de productos B: 2 600
2017	Todos los gastos elegibles: 2 000 Gastos elegibles por la familia de productos A: 1 300 Gastos elegibles por la familia de productos B: 700 Todos los gastos totales: 3 000 Gastos totales por la familia de productos A: 2 000 Gastos totales por la familia de productos B: 1 000
2018	Gastos elegibles por la familia de productos A: 800 Gastos elegibles por la familia de productos B: 200 Gatos totales por la familia de productos A: 800 Gastos totales por la familia de productos B: 800

2. Si el país P permite el uso de la "media" de tres años, como medida transitoria, la ratio del nexo sería calculada de la siguiente manera. En 2016, por tanto, el contribuyente Q calcula la ratio del nexo utilizando la media de todos sus gastos I+D durante tres años. La ratio para 2016 sería 10 000/18 000 antes de aplicar la elevación. A los efectos del cálculo de la media de los tres años, esta ratio no incluye ningún gasto incurrido antes de 2014, incluso si las actividades I+D para crear el activo PI de Q se iniciaron antes de ese año, y utiliza todos los gastos porque el contribuyente Q no había empezado todavía a realizar el seguimiento y trazabilidad de las familias de producto en 2016. Al mismo tiempo, el contribuyente Q empieza a realizar las labores de seguimiento y rastreo de los gastos incurridos para continuar desarrollando el activo PI de Q. En el año 2017, el contribuyente Q calcularía de nuevo la ratio del nexo usando la media de *todos* los gastos I+D, porque no tenía todavía tres años de gastos seguidos y monitorizados de las familias de productos. La ratio para el año 2017 sería 7 000/11 000 antes de aplicar la elevación. En el año 2018 y resto de años siguientes, el contribuyente Q sufriría la transición a un método acumulativo utilizando los gastos para familias de producto, ya que ahora tendría tres años de gastos que fueron seguidos y monitorizados por familias de producto. Por consiguiente, la ratio por la familia de producto A en 2018 sería 2 500/5 200 antes de aplicar la elevación, y todos los gastos elegibles y los gastos totales para la familia de producto A serán añadidos a dicha ratio en años futuros. La ratio por la familia de producto B en 2018 sería 2 500/4 400 antes de aplicar la elevación, y todos los gastos elegibles y los gastos totales para la familia de producto B serán añadidos a dicha ratio en años futuros.

3. Este Anexo suministra solo un ejemplo de cómo una medida transitoria podría ser diseñada para asegurar que los contribuyentes tuvieran tiempo suficiente para adaptar los requisitos de seguimiento y trazabilidad, al tiempo que cumplen con los principios generales del enfoque del nexo. El país P podría, por ejemplo, permitir el uso de la "media" de los cinco años, lo que permitiría entonces al contribuyente Q calcular la ratio del nexo basada en todos los gastos elegibles y totales en 2019 y 2020, así como en 2016, 2017 y 2018.

Anexo B

Intercambio espontáneo de acuerdos sobre un contribuyente específico bajo este entorno

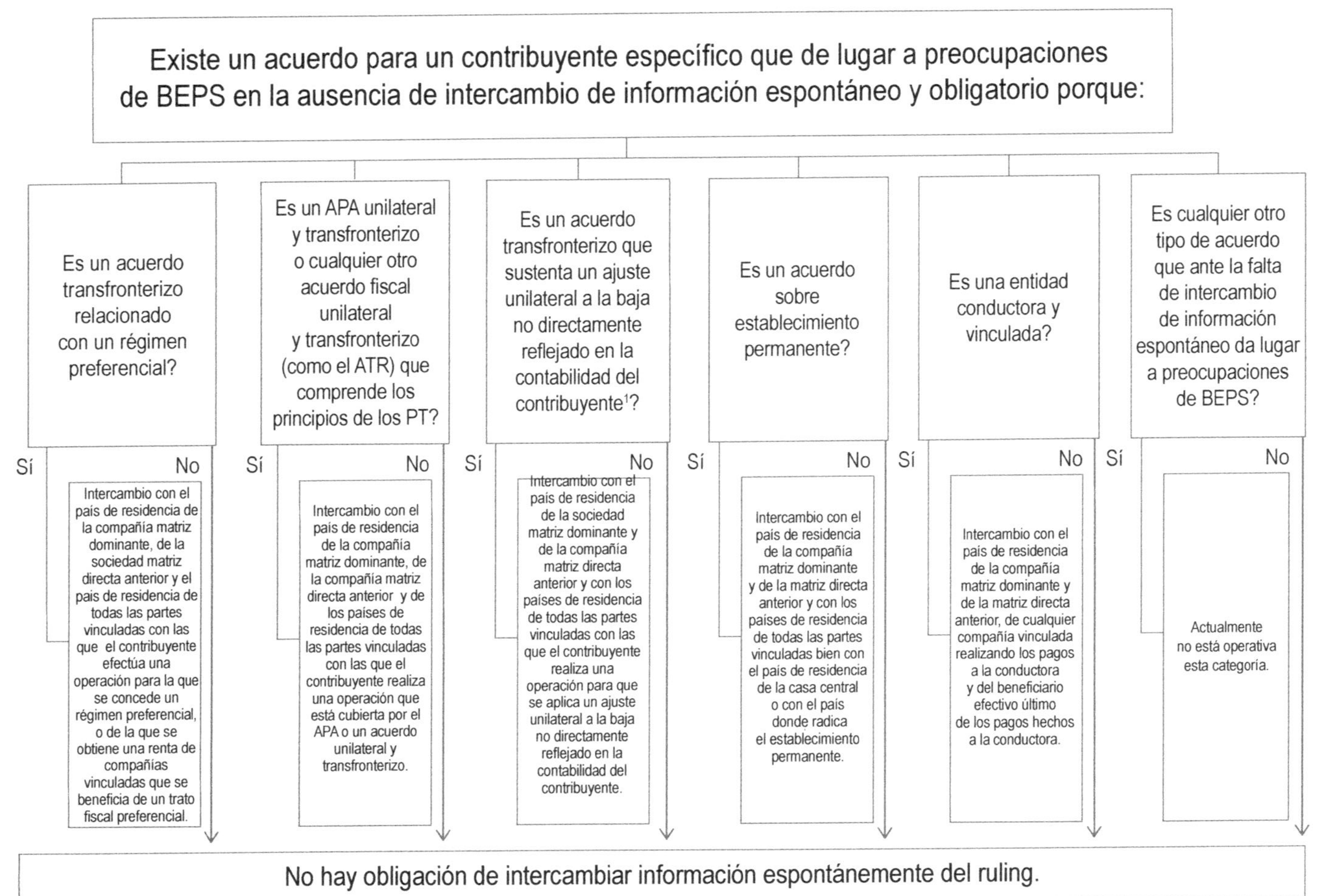

1. Como se explicó en el parágrafo 122, ha sido acordado que en ciertas circunstancias la información será suministrada a otras autoridades fiscales pertinentes incluso cuando no haya ruling.

Anexo C

Modelo de plantilla e instrucciones para el intercambio de información

Todos los campos son obligatorios, salvo que se indique lo contrario.

1. Número de referencia del Acuerdo, si existiera.

2. Identificación del contribuyente y, en su caso, del grupo de compañías al que pertenece.

Código de identificación fiscal (CIF) u otro número de referencia fiscal		
Razón social de la entidad		
Dirección	Calle	
	Edificio (opcional)	
	Suite (opcional)	
	Piso (opcional)	
	Nombre del Distrito (opcional)	
	Apartado de Correos (opcional)	
	Código Postal	
	Ciudad	
	País	
	Estado/Provincia/Cantón (opcional)	
Principal actividad empresarial del contribuyente (opcional)		
Nombre del grupo multinacional, de ser diferente.		

3. Fecha de emisión.

4. Periodos contables/Años fiscales cubiertos por el acuerdo.

5. Tipo de acuerdo emitido. Por favor, marque la casilla correspondiente.

Relacionado con un régimen fiscal preferencial	❒
APA unilateral u otro tipo de acuerdo sobre PT	❒
Acuerdo con ajuste a la baja	❒
Acuerdo relativo a los EP	❒
Acuerdo relativo a entidad canalizadora, tipo conduit	❒

6. Información adicional relativa al acuerdo y al contribuyente (opcional).

Cuantía de la operación, si hubiera	
Cifra de negocios anual de la entidad	
Beneficio de la entidad	

7. Resumen de la cuestión tratada por el acuerdo específico para un contribuyente, preferiblemente en una de las lenguas oficiales de la OCDE o en otra lengua acordada bilateralmente. Cuando no sea posible llegar a un acuerdo, puede ser suministrado en la lengua oficial de la jurisdicción que lo envía.

8. Razón del intercambio con la jurisdicción receptora.

Compañía matriz dominante	❐
Compañía matriz directa	❐
Parte vinculada con la cual el contribuyente realiza una operación para la que se concede un trato fiscal preferencial, o la renta generada se beneficia de un trato fiscal preferencial	❐
Parte vinculada con quien el contribuyente realiza una operación prevista en el acuerdo	❐
Parte vinculada que realiza pagos a un intermediario (directa o indirectamente)	❐
Beneficiario efectivo último de la renta derivada de un acuerdo con un intermediario	❐
Casa Central del establecimiento permanente / País del EP	❐

9. Información de las entidades en la jurisdicción destinataria.

	Nombre de la entidad	Dirección	CIF u otro número de referencia fiscal, cuando proceda
1.			
2.			
3.			
…			

Instrucciones para la plantilla de los intercambios de información de acuerdos fiscales

Todos los campos son obligatorios, salvo que se indique lo contrario.

1. Número de referencia del Acuerdo fiscal, si existiera.

El número de referencia del acuerdo debe ser indicado, si fuera disponible.

2. Identificación del contribuyente y, en su caso, del grupo de compañías al que pertenece.

Este apartado incluye toda la información necesaria para identificar al contribuyente y determinar su vinculación con el grupo MNE. En consonancia con el apartado de la "Organización de la Parte" del CRS, se requieren los siguientes campos: ***código de identificación fiscal (CIF) u otro número de identificación fiscal, razón social de la entidad*** (i.e. nombre del contribuyente), y dirección. En el campo de la dirección son campos obligatorios la "calle", el "código postal", la "ciudad" y el "país" en el que el contribuyente se encuentre registrado.

El campo "***Principal actividad empresarial del contribuyente"*** es opcional y pretende ser un menú desplegable con una lista de códigos predefinidos de sectores industriales, cuando se utiliza para un uso que permite dicho funcionamiento.

Nombre del grupo MNE, su fin consiste en ofrecer información sobre la vinculación del contribuyente con el grupo MNE al que pertenece. En algunos casos, el nombre de la compañía filial puede ser distinto del nombre del grupo MNE, haciendo más difícil identificar el vínculo entre el contribuyente y el grupo MNE.

3. Fecha de emisión.

La fecha en la que el acuerdo fue emitido tiene que ser incluida en el apartado. Generalmente, la fecha estará mencionada en el mismo acuerdo fiscal, o bien en los casos en los que algunos países retienen el acuerdo por su propia Administración tributaria, la fecha podría estar incorporada en cualquier comunicación escrita con el contribuyente.

4. Periodos contables/Años fiscales cubiertos por el acuerdo.

Este apartado podría tener un menú desplegable con los periodos contables/años cubiertos por el acuerdo.

5. Tipo de acuerdo obtenido.

Estos apartados identifican el tipo de acuerdo que se precisa para ser intercambiado. Todas las casillas pertinentes deben ser marcadas de modo que si un acuerdo combina distintos elementos, por ejemplo, un APA unilateral y un acuerdo sobre el tratamiento fiscal de un EP, entonces deberían marcarse ambas casillas.

6. Información adicional sobre el acuerdo y el contribuyente.

Estos apartados pretenden ofrecer una forma de filtro sobre aspectos materiales para ayudar a las Administraciones tributarias a decidir si quieren solicitar información adicional. Estas casillas son opcionales, por lo tanto, no hay obligación de obtener dicha información.

La cuantía de la operación es el valor económico de la operación. El volumen de facturación anual de la entidad es la cantidad de negocio de una empresa, tal y como se expresa en su cuenta de pérdidas y ganancias. Normalmente, se mide por referencia a los ingresos o importes brutos generados por la entidad en la venta de bienes y servicios. Los beneficios de la entidad es el beneficio neto que refleja la diferencia entre los ingresos brutos derivados de las transacciones empresariales y los gastos deducibles vinculados al negocio.

Al cumplimentar el apartado 6 de la plantilla se incluirán las últimas cifras disponibles de los archivos de los acuerdos, o de los datos del contribuyente y deberían identificarse la moneda, que tendría que ser la usada en cualquier documento disponible para la Administración tributaria cuando emitió el acuerdo. Por ejemplo, la cuantía de la operación sería la última cifra para una operación en concreto que esté contemplada dicho acuerdo.

7. Resumen del objeto del acuerdo.

En este apartado, la Administración tributaria debe ofrecer un resumen de las cuestiones objeto del acuerdo e incluir una descripción de la operación o actividad prevista en el acuerdo y cualquier otra información que pudiera ayudar a la Administración tributaria receptora para llevar a cabo una evaluación del potencial riesgo de BEPS que entraña el citado acuerdo. Por ejemplo, en el caso de un APA unilateral el resumen podría indicar el tipo de la transacción o la renta analizada y la metodología de precios de transferencia acordada. Como el resumen pretende ser una descripción general, no es necesario incluir los artículos específicos del código tributario del país en cuestión. Es recomendable que la información en la casilla estuviera redactada en una de las lenguas oficiales de la OCDE u otra lengua acordada bilateralmente. Cuando no sea posible lo anterior, se podrá redactar en la lengua nativa de la Administración que lo envía.

8. Razón para el intercambio con la jurisdicción receptora.

La información suministrada en este campo indicará a la jurisdicción receptora porqué está recibiendo el acuerdo. Esta última jurisdicción debe ser una de las concernidas bajo este marco. La razón precisa para el intercambio se encuentra en la casilla marcada.

9. Información de las entidades en la jurisdicción receptora.

Este apartado ofrece información adicional sobre cualquier entidad a la que se refiera el acuerdo, que sea residente en la jurisdicción receptora. Existe una capacidad para identificar más de una entidad cuando un acuerdo tiene que ver con más de una de ellas en esa jurisdicción. El ***nombre de la entidad*** y la ***dirección*** son obligatorios y el ***CIF u otro número de referencia fiscal*** debería ser suministrado, cuando la información se encuentre disponible.

ORGANIZACIÓN DE COOPERACIÓN Y DE DESARROLLO ECONÓMICOS (OCDE)

La OCDE constituye un foro único en su género, donde los gobiernos trabajan conjuntamente para afrontar los retos económicos, sociales y medioambientales que plantea la globalización. La OCDE está a la vanguardia de los esfuerzos emprendidos para ayudar a los gobiernos a entender y responder a los cambios preocupaciones del mundo actual, como el gobierno corporativo, la economía de la información y los retos que genera el envejecimiento de la población. La Organización ofrece a los gobiernos un marco en el que pueden comparar sus experiencias políticas, buscar respuestas a problemas comunes, identificar buenas prácticas y trabajar en la coordinación de políticas nacionales e internacionales.

Los países miembros de la OCDE son: Alemania, Australia, Austria, Bélgica, Canadá, Chile, Corea, Dinamarca, Eslovenia, España, Estados Unidos de América, Estonia, Finlandia, Francia, Grecia, Hungría, Irlanda, Islandia, Israel, Italia, Japón, Letonia, Luxemburgo, México, Noruega, Nueva Zelanda, Países Bajos, Polonia, Portugal, Reino Unido, República Checa, República Eslovaca, Suecia, Suiza y Turquía. La Comisión Europea participa en el trabajo de la OCDE.

Las publicaciones de la OCDE aseguran una amplia difusión de los trabajos de la Organización. Éstos incluyen los resultados de la compilación de estadísticas, los trabajos de investigación sobre temas económicos, sociales y medioambientales, así como las convenciones, directrices y los modelos desarrollados por los países miembros.

OECD PUBLISHING, 2, rue André-Pascal, 75775 PARIS CEDEX 16
(23 2015 32 4 P) ISBN 978-92-64-26708-4 – 2016

www.ingramcontent.com/pod-product-compliance
Lightning Source LLC
LaVergne TN
LVHW081419110826

845149LV00010B/1799

* 9 7 8 9 2 6 4 2 6 7 0 8 4 *